調情學

追尋真愛的萬用公式，人際互動專家讓你面對自我，走進關係。

Jean Smith

珍·史密斯——著　李函——譯

此書要獻給你、我，與我們的約定：
保持好奇心、開放心胸，不斷探究。
如果你遵守規定，我也會。

目錄

致謝

我要感謝許多人的協助讓此書順利成真：幫忙我整稿的西莉亞．海莉（Celia Hayley），妳在成堆的蛋糕與茶中，讓整個過程充滿樂趣且毫不費力。看著妳優雅的大腦運作把事情整理得井井有條，是少有的樂趣。但願我所有的協作案都能如此美妙。我的出版經紀人羅布．丁斯代爾（Rob Dinsdale），感謝你擁有預知世界準備好迎接《調情學》的洞見，並且讓我與正確的人連結，將這些內容傳播出去。我的版權推廣蜜雪兒．西格諾（Michelle Signore），以及 Transworld 的傑出團隊，與《調情學》完美合拍。我還要對 Conville 與 Walsh 版權公司的亞歷珊卓（Alexandra）、亞歷山大（Alexander）和傑克（Jake）至上莫大的感激之情。也要感謝我那群充滿創意的天才朋友：亞曼達（Amanda）、西蒙（Simon）與陶德（Todd）。感謝你們付出時間、幽默與無價的回饋。

感謝多年來曾參與調情之旅、曾來尋求指導、接受調情研究專訪且來參加講座的所有人。雖然我調整了你們的名字與故事的細節，但我很清楚，沒有你們，就沒有這本書。確實，沒有你們，就不會有《調情學》。我們都是老師，也都是學生。感謝你們同時為我擔任這兩種角色。

感謝我的丈夫尼克（Nic），有你堅定的支持與廣闊無垠的天賦，萬事皆有可能。（此外，你超狂的！）

前言

星期五晚上，珍穿上她最愛的裝扮，感覺充滿希望。她覺得自己單身太久了，準備好要為此做點事。她下定決心強迫自己每個週末都要出去走走。今晚，她的朋友辦了場派對，必定會有一些有趣的人在那裡，肯定沒錯。

在派對上晃了一小時後，她看到飲料吧旁邊有個順眼的人。她想跟他聊聊，但沒辦法直接過去打斷進行中的對話，等到終於克服緊張，他已經走掉了。她在廚房裡跟某人交換了微笑，希望自己能想到些話題，不過談話的時間點溜走了，人也溜走了。午夜即將來臨，除了白酒造成的頭痛，她幾乎一無所成。她回家時，自我否定也油然而生。「我盡了一切努力。我出門了、嘗試了，根本就不可能認識人啊！」就在這一刻，她決定要再積極主動一點。那天深夜，她在線上交友網站註冊了帳號，此刻她**非常認真**的要認識人；不想再搞砸了。

星期六迷迷糊糊的過去了。珍把她所有週末的例行活動，像是跑步、去附近的咖啡廳喝咖啡，和悠閒地讀點書，全都拋在一旁。這段時間，她弄好了自我介紹，開始在茫茫的自介海中精挑細選，就這樣，星期六過去了，星期天也如此結束了。不過，她的努力並未白費，她開始跟幾個有希望的對象傳訊息，而且聊得滿開心。這星期的大部分時間都在傳訊息和回訊息。有幾個人很快就消失了，然而，她想方設法約了其中之一星期五晚上出來喝一杯。太好了！

第二次嘗試。星期五晚上，珍穿上了她最愛的裝扮，感覺充滿希望。她下定決心，強迫自己每個週末都要去外面走走，她覺得現在計畫終於實現了。

整個星期她都跟這個人在網路上調情，他風趣、與眾不同，且兩人有許多共通點。當這個人走進來時，她的心都涼了。想要把他跟檔案照片看成同一個人，除非時間倒轉回二〇〇八。別放在心上。她一直很享受跟他互傳訊息，而且反正都來了。她決定給他一次機會。接著他們就座聊天，珍納悶著坐在她面前這個人的身分，他跟網路上的感覺不太一樣。也由於這件事對她來說是個全新的體驗，不是真的很清楚要如何收尾，最後她花了五個小時跟他相處，這段時間她都在思考要怎麼樣在不傷對方感情的情況下解套。時間來到午夜，除了因為喝了白酒產生的頭痛外，她幾乎可說是一無所獲。她原先期盼著幸福快樂的結局，不過只解鎖了新手宿醉的成就。她回到家，同時負面情緒開始湧現。「我已經盡了一切努力，我出門了，我嘗試了。要跟人相處什麼的才不可能呢！」這一刻，珍認為她得單身一輩子了。

無論你是男是女，如果你目前單身，或許會對上述故事深表同感。身為調情專家，我運用社會人類學的原則，透過錯綜複雜的社會互動來指引他人。我曾從男男女女口中聽聞過數百則類似情境的故事。一提到跟人碰面聊天，大家都會做他們認為對的事情，別人告訴他們這樣做就對了的事情，並對於為何總會搞砸感到困惑掙扎；我能清楚的指出，只要改變其中一個步驟，就能獲得更令人滿意的結果。

人們絕望的來找我，想知道怎麼樣才能有好結果。他們重複這樣的過程好多次了。他們試圖脫離這樣的困境；想要跟人交流、約會，或是找到伴侶，但他們得理解到，有些作法是行不通的。他們的結論是，他們「不擅長調情」。隨後有個樂於助人的朋友建議去網路上試試，認清了也沒別的方法，於是他們孤注一擲。畢竟這樣確實能解決他們的問題：無論是否擅長調情，這裡都有一大堆地方可以讓你找到人聊聊。問題在於，這樣做仍然行不通。

過去十年，使用線上約會與約會軟體的人數急遽上升。二〇〇七年，蘋果發表了第一隻iPhone，讓我們能夠把整個數位世界放進口袋，就此開始了二十四小時連線的年代；從此之後，透過螢幕與他人交談變得越來越容易。約會軟體與網站如雨後春筍般激增，各種特定愛好都可任君選擇。我們可以透過使用機敏巧妙的演算法，來幫你配到完美的對象。不過，有趣的事情發生了。就如同約會服務的數位革命大舉加快步調，我也發現人們**更加**渴求對於如何面對面，與他人產生有意義互動的指引。

全世界有九千一百萬人使用約會軟體。這是個相當驚人的巨大數目，然而證據顯示，就約會而言，其解答並非位於螢幕的另一頭。根據美國民調機構皮尤研究中心（PEW，Pew Research Center），美國有四千九百二十五萬單身成人嘗試過線上約會。這可是接近五千萬人啊！但是美國有多少人在網路上成功找到結婚對象或是締結穩定關係呢？只有五％。就算在線上約會如此風行的年代，曾經維持五年以下婚姻或伴侶關係的人之中，有八八%是不依靠約會網站找到其伴侶的。在英國，有一千五百萬單身人士在線上約會網站註冊。不過一份以十八至三十五歲人士為對象（你可以把這個族群當成數位世代）的研究調查發現，超過八○%仍然是在現實生活的環境中（也就是透過「傳統途徑」，像是朋友、社交與工作場域）遇到他們的另一半。只有一○%是透過線上約會，還有六%是透過社群媒體。

且值得一提的是，線上約會產業並非慈善事業。估計其全球產值超過二十億英鎊，光是英國一年的產值就有三億英鎊。約會網站的商業模式是仰賴那些**找不到**配對對象的人，才會有人持續支付訂閱費用，聽起來是不是有點矛盾？

事實上，對於上述資訊我們早已心知肚明；美國一項研究指出，只有不到二○%的人相信線上約會是個找到浪漫伴侶的好方法，而回報說他真的靠著這個方法成功配對成功的比例還要更少（一五%）。以上種種導出了一個問題：為何其他八〇％的人仍然苦苦嘗試呢？

「我忙到沒時間約會」似乎是轉往線上的熱門理由。不過網路約會人士一般每週平均會花十三．五個小時編修網路上的個人資料，而實際配對聊天卻只花一．五小時。感覺上有些不太善用時間呢！還得思考一下，你在找到喜歡（或是至少跟他們資料上的照片相符）的對象之前，你得經歷過多少次「實際面對面」呢？到這裡，你可能已經注意到大家幾乎都在浪費時間。這與你想像中的狀況不符，線上約會人士有三三％（也就是其中三分之一），從未透過線上約會服務真的跟某個人約會。從這點看來，我們到底都在網路上瞎忙什麼呢？

數位約會現象距離滿足真實世界人們的需要，還有很大的空間，而人們似乎也比過去都更需要這類協助。

人類是群居動物（social animals），生來就是要形塑出親近的關係與社群的。不與人接觸，新生兒會出現生長遲緩，嚴重的話甚至是死亡。監禁很糟糕、單獨拘禁則是幾乎無法想像的慘劇。人類先是以部落為中心群居：集結為三十至五十人的團體。隨著人口增加，部落會分裂，繼而產生新的部落。這是由於假使部落人口超過此數目，便會造成缺乏社會凝聚力的現象。由於人類的規劃，這個數字不斷成長，根據聯合國的預測，到了二〇五〇年，人類將有接近七〇％的人口生活在城市，然而，這並不代表我們對社群的需求會因此改變。不過從某個角度來看，我們試圖在線上滿足這項需求。我們是怎麼樣讓自己落入了擁有五百位臉書好友、一千個推特追蹤者，且WhatsApp任何時候都有超過五組對話在進行，仍然覺得與世隔絕的情境之中呢？大量研究指出，上述所有社群媒體活動，只會令我們感到更加沮喪。近來關於孤獨感與親近友人關係淡薄的數據，似乎也支持著，網路並不會增進社交連結的觀點。更糟糕的是，研究顯示，我們真實生活的支援網路正不斷萎縮。

需要提出來討論的問題就是：這個數位世界，能否真正取代人與人之間社會化的需求？首先，它似乎相當便利；我們不再需要汽車、打電話或是精心計劃才能達成社會連結，只要點一下滑鼠即可。當我們與他人虛擬互動時，一時間會感覺不錯，這也是事實，但研究顯示，這些連結通常十分膚淺，最終則造成不滿與失望。一項研究提出結論，數位世界會暫時強化孤獨人的社會滿足與行為，當他們感到孤立或沮喪時，更有可能上線尋求慰藉，但這也是網路讓我們變得孤獨的主要原因：我們試圖以線上取代真實生活的關係聯繫。這份報告也總說，這「並非有效的線下社交互動替代方案」。

心理學家亞當．艾爾特（Adam Alter）近來在一場 TED 演講中對此做出解釋，當我們不斷增加花在螢幕前的時間，這段過程中有些軟體會讓我們感覺好些。他舉了些例子，像是閱讀、健康、教育與放鬆的軟體。但有活動會讓我們感覺更糟。他把矛頭指向社交媒體、遊戲，最關鍵的，就是約會軟體。而且我們往往把最多時間花在這些讓我們感覺更糟的軟體：

事實上，是其他軟體的三倍之久。相對於一天花九分鐘在「正面」軟體上，我們一天會在「負面」軟體上耗費二十七分鐘。

智慧型手機不只是個更快、且只有口袋大小的電腦；也可以將它視為驅動社交與行為的改變，同時也以各種方式扭轉我們線下行為的工具。不知道你還記不記得，很久以前，你走進一間咖啡廳，裡頭的人不會死死緊抓手機不放的情景？根據英國的一項研究，我們一天平均會看兩百二十一次手機，差不多每四．三分鐘看一次。由於這個小小的裝置是如此便利，我們現在不分場所，隨時隨地都能與世界連結。

皮尤研究中心於二〇一五年提出的調查報告指出，十八到二十九歲的受訪者中，有接近半數表示他們利用手機來避免與周遭的人互動。手機尚未問世前，我們也有許多方法來避免與人互動。早上通勤時，用報紙把自己的頭遮住就是個好例子。可是站在派對角落、排隊結帳，或是在路上行走時，我們就沒辦法迅速掏出報紙了。你無法隨時隨地把報紙當成盾牌來用。在我們建立起避免與周遭互動的保護罩前，我們都怎麼做呢？沒錯，我們會跟旁人說話聊天。這些對話會引發許多事件，像是風流韻事、友誼，還有可能打破刻板印象（沒有互相碰撞，很容易就會固化原有的印象）。

事實上，科技的**存在**，阻礙了線下的真誠連結。僅僅是附近有支手機，就會讓一對對的陌生人認為其對話沒那麼有意義；其對話的對象沒那麼有共鳴，這段新關係也不如附近有台筆記型電腦的陌生人那般親密。

所以，為何我們重視設備的連結性，大於實際的連結互動呢？

螢幕為何變得無所不在，有許許多多的原因，不過在約會方面，我自有一套理論。這是由於現實生活與人相遇的潛在刺激，無法與一股更強烈的感受相匹敵：不被接受的恐懼。這股感受強烈到，就算只是想到它會發生，就能改變我們的行為。人們把時間花在那塊螢幕上，是因為他們認為自己可以藏身其後；他們相信線上形象遭到否定時，比起線下實體的靈肉遭到否定的刺痛，沒有那麼痛苦。確實，這就是某款主流約會軟體創立的根本原則，創造一個專為男性設立，保護他們不被徹底拒絕的冷落所怠慢的空間。於是我們以自認為會降低經歷痛楚機會的方式行事。這也是大家對網路誘惑力的感受：那是一個我們可以試試水溫的園地，看看自己在沒有把底細全盤托出、在尚未經歷不被接受的強力衝擊前，人們會如何回應我們。

乍看之下，網路似乎提供了一個如同魔術般的機會：在不把真實的自我放在前線的情況下，還擁有無盡連結的可能性。但這不過是個海市蜃樓，且代價是放棄了真正成功配對的潛在可能。先不論事實上，我們在試圖保護自己的情況下，錯失了數不盡的機會，諷刺的是，我們甚至無法肯定的說，這種自我防衛真的有用。我們所有的安全措施會不會只是徒勞呢？我們是不是無緣無故的，就將自己陷入與電子設備造就的曖昧關係之中了呢？

解方何在？我們得回到起點，回到美好的老派面對面互動。但這裡有個結合現代風味的作法。假使我告訴你，你能不用擔憂遭到拒絕的痛楚，就能學到互動技巧呢？這就是我能憑藉調情學傳授給你的眾多技巧之一。

何謂調情學？

首先，確切來說，**調情**是什麼呢？為了找尋答案，我遊歷了紐約、巴黎、倫敦與斯德哥爾摩等城市。我碩士論文的一部分研究內容，訪問了超過兩百人，並探尋了咖啡廳、超市、夜店、派對，同時試圖融入當地的生活。目標是要揭露這些城市的人究竟是如何調情的。反正總是有人得做這件事，為何不就讓我來做呢？過去十年與這些自詡為調情者的人生活，結果就是我根本不需要猜測人們是如何調情的；我做了研究，並得到解答。透過此書，我將與各位分享研究內容，以及這些人給我的反饋。

結果著實令人訝異。調情就只是兩個字，但人們理解它的方式似乎是無窮無盡的。它與誘惑有關，還是純粹好玩？你是為了有會可約，還是在結帳時為了讓今天活絡些而這樣做呢？你只會跟吸引你的人調情，還是一種自主反應呢？對某些人而言，這有種明確的性暗示，對其他人來說，不過是「為了讓自己開心而迷倒他人，就是種生活方式罷了。」而我們決定要跟誰調情，又取決於詢問對象的不同。有人說，工作時與同事調情別有一番滋味——「這樣能讓事情加速運作。」對其他人來說，這種事只能跟迷戀的對象做。換句話說，有多少人想與他人互動，就會出現多少種不同的調情類別。

如果調情有上百萬種不同定義，那調情學又是怎麼回事？好的，這裡我可以百分之百的向你肯定。我理應知道的，畢竟我在十多年前就創造出這個詞彙了。調情學的基礎，意味著「學習調情」，本質上，調情學囊括了兩個面向：調情的科學，以及互動的藝術。

調情學的基礎為社會科學，即對社會存在所進行的學術研究。將調情視為一種科學，意味著假使你目前認為自己不諳此道，切勿絕望，還有希望的！調情是種習得行為，且好的調情是可以刻意為之的。這是從我接受社會人類學的訓練時學到的一些基本工具開始的。人類學方法可以幫助我們突破被創造出來的恐懼以及負面期望，向我們展現何為真正的真實。調情學對所有你「只是知道」的事情，採取邏輯性科學思考，讓這個最主觀且最感性的區域，帶來清楚明確的概念。

不過調情學不只是科學；它也是一門藝術——一門互動的藝術。一旦你運用此等清楚明確的科學方法，讓自己從全然無幫助的臆測中解脫，接下來你就能真真確確地享受與人相處、與人交談、放情約會、連結，找尋真命天子的體驗。歐姬芙（Georgia O'Keeffe）曾說，對她來說，藝術是「以美妙的方式填補一個空間」。這完全就是我看待調情學以及互動的藝術的方式：以美妙的方式填補一個空間。這就是關乎於盡可能以最棒的方式與周遭的人互動。無論目的為何，調情學都是要協助你在這段探求中愉快欣喜，並在進行時有段絕妙時光。

我是如何成為一名調情家的？

身為下有兩個弟弟的大姊，你可以說我天生就扮演著這樣的角色。我擁有一段教導我弟弟和他們的朋友，與女性交手這門藝術的歡樂時光。特別是有一次去拜訪就讀大學的弟弟，他拖著一個不甘不願的朋友到我面前，並鼓勵他說，「問問我姊；這類事情她真的很拿手。」不用再多說什麼，那股悲傷與困惑就湧泉而出。

我對人們如何過生活的迷戀，讓我在堪薩斯大學（Kansas University）取得文化人類學學位。畢業後，我開始探索世界，你甚至可以說，我從未停下腳步。在堪薩斯大學那段時間，是我最後一段在美國的時光。隨後我便遊歷了超過六十個國家，並在其中六個城市生活。在許許多多不同地方觀察他人著實迷人：就好像我的學位論文題目有了生命一般。我對人類學的興致總是受到現代與周遭的環境所吸引。身處現代世界，社會化物種的我們要如何生存且昌盛呢？

過去十八年來，一直生活在我鍾愛的倫敦。這也讓我們理解到調情學究竟是如何開始運作的。二〇〇〇年剛搬到這裡時，我環顧四周，心想，「這裡的人都不跟別人說話的嗎？」在一個惜字如金的文化中，英式調情的訣竅在於，不要真的讓人覺得你在調情。這就像是你以一種沒人理解的方式，表現出你對對方有興趣。因此，直到我領略到英國文化中這個不成文的規定，我在倫敦生活的前幾年，大部分時間都錯過了調情信號。我肯定的說，你唯一有機會跟不認識的人說上話的機會，只有在星期四到六晚上，八點之後，而且至少要喝掉三杯。**現在**我知道，這些行為上的不成文規定，大多與英國人認為一個人應該對他人展現的態度有關：斯文有禮，同時保持適當距離。在文明社會，這些都是非常優良的行為舉止，不過對於那些想要與他人連結的人來說，這無疑幫不上忙。且正如我後來發現的，矜持保守的英國人，就跟其他人一樣，也渴望與他人互動。

因此，我創立了倫敦無懼調情之旅（Fearless Flirting Tours of London），在這段互動式遊覽行程，我教導大家如何親近陌生人並與他交談。以這樣的方式站到了調情世界的最前線，也更進一步激起了我的好奇心：能否用更嚴苛的方式，來分析並運用我獲取的知識？這個想法也引領我在倫敦大學亞非學院（SOAS, University of London）拿到了社會人類學的碩士學位。我對調情文化，也就是在現代社會，我們是如何調情的？懷抱著明確的興趣。調情學也就這樣應運而生：幫助人們將傳統科學的人類學，應用在調情與浪漫連結的世界。十二年前，我開始執行調情之旅時，大家覺得這是個「酷」點子，但大多數人都不覺得他們需要我。現在，我同時擁有私人與企業客戶，經營調情之旅與線上課程，主持研討會與工作坊，這些都是由人們對產生連結的需求所推動的。試圖開啟理解如何與人互動之門的人，已令我應接不暇。這本書是從我多年來遇到的人們身上收集提煉出來的智慧結晶（雖然目的是要跟大家分享，但為了保護當事人的隱私，我對故事的細節做了一些調整）。

調情學能為你做什麼？

本書內容中的重要調情技能，是一種有趣、有效、精簡流暢且運用科學研究方法。假使我們就算對簡單的互動都會猶豫不決，那要如何找到真愛呢？無論男女，我想要展現給大家的，是走進真實世界，並找到真愛的最佳方法。

憑藉我十多年來指導客戶穿過調情世界這個都市叢林所汲取的經驗，以及在四個不同國家著手進行的廣泛人類學研究，這本書將：

- 揭穿圍繞調情這個主題的迷思。

・為你提供可靠的方法，來避免舌頭打結的尷尬時刻。
・確保你不再害怕遭到拒絕。
・讓你相信自己也是個極為優秀的調情專家。
・幫助你精確定位自己找尋的是什麼
・解鎖我 H.O.T. A.P.E. 系統的祕密，引導出你心中的調情魂。
・鼓勵你不斷實踐、實踐，再實踐（且在過程中獲得樂趣）。
・賦予你無論在何處，都能跟任何人聊開的自信。
・在不失體面的情況下，獲得成果。

誰適合學調情學？

本書對女性和男性都適用。那些「專家」對特定性別提出建議時，我都覺得很奇怪，就好像我們是不同物種一樣。女性與男性相似之處多於不同。而且大多數人都擁有同樣的顧慮、問題與狀況。有時候大家似乎會覺得男女關係上，將情感外露的事情都應該由女性來做。無怪乎假使女性討論這類主題並閱讀此書，沒人會感到訝異。但是對男性的社會期望，卻是他們要不是天生玩家，這意味著他們已經知曉一切，不然就是應該去做他們最擅長的事情：談論運動與修剪草坪。可是，事實上，我發現男性對於調情學的好奇與熱衷學習的程度，跟女性相同。直到前幾年，還是很難看到我的無懼調情之旅有男性參與。大多男性都偏好透過我的線上調情學課程來學習，樂於在其安全的客廳，熟悉如何與女性交流的神奇觀念。然而，這個情況已經有了轉變。

目前的調情之旅，人員組成大多是男女各半。我所有的私人客戶都是男性，這是近年來我觀察到的部分重大轉折。我將男性樂於站出來尋求幫助的狀況湧現，視為一種復興，我也喜歡這個現象。

因此，這本書是寫給所有想要改善自身調情狀態的人們。它將解答這個至關重要的問題，也是那些帶著焦慮前來尋求我協助的人，問過我千百次的問題：

- 「為為何我可以跟對我沒有吸引力的人調情，卻無法跟對我有吸引力的人調情？」
- 「我要怎麼辨別某人是在跟我調情？」
- 「我要怎麼樣才能更有自信的調情？」
- 「我要怎麼樣才能不覺得尷尬的約某人出去？」

最後，你將擁有上述問題的解答，且帶著自信跟任何你想接觸的人接觸。好消息是，所有成功調情的工具都已備好在你手邊。你可以馬上著手行動；不需要在特別地點，或是學習一大堆複雜的招式就能使用。調情學不是在玩遊戲，沒有規則，也沒有什麼花招。這是一種展現你完美自信與真實自我的方式，讓你可以吸引你想吸引的人。這是要增加並增進所有的人際互動，而不是要你在看到某個有吸引力的人時故意噘著臉。這是要幫助大家提升自我感覺，然後得到十倍的回報，而不是試圖要讓其他人令我們感覺良好。這是要理解到，調情不是達到目的的手段；你不會只有在想要什麼的時候才會出手調情。這也關乎效率，找到一個伴侶，不應該是你已經無比繁忙的人生中，一個額外的負擔。它可以是你外出遊玩，過著有趣、充實生活時，會發生的事。

在私人教練課，我不會試圖幫助客戶多約幾次會；我想要他們跟對的人，擁有品質更好的約會。成功不是以在派對上要到最多電話來衡量；而是親力親為，盡可能自在地跟越多人接觸談天。不是要滑更多 Tinder；是要在現實世界中，遇到三維世界、神話般的你，所做出回應的人。

調情學是要增強你人生中各個面向。它會要求我們以開放、好奇的心去面對這個世界，從親近好友到公司櫃台，享受並增進每次我們擁有的互動。它會要求我們將其原則貫串於日常生活中的各種樣貌，強化我們所做的一切。我認為你可能會同意，一次好的調情邂逅（雙方都非常放鬆，且在那一刻，在表面之下，會有一些興奮的泡泡浮現），是我們體驗到數一數二理想的互動。這樣一來，為何要設限在只跟我們有好感的人調情呢？能創造出優良調情邂逅的成分，像是嬉鬧、當下那種對的感覺、兩人之間的連結、讓對方覺得他們被看到且是特別的存在，都能夠（也應該）運用在日常生活中，且與每個人共同享用。一切都關乎連結。身為人類，這不就是我們存在的目的嗎？

這本書不只是一本「教戰守則」，也是「身體力行守則」，我希望這本書不只能讓你找到伴侶，還能讓你不論身處何處，都能悠然自得。

THE SEVEN BIGGEST MYTHS ABOUT FLIRTING

第一章

關於調情
七個最大的迷思

跟著我漫遊花園小徑，我知道你絕對不會後悔。我會陪著你調情嗎？或許吧，但我有一些魔術要變給你看……我的魔法方程式。在這本書的各個章節中，當你認真檢視自己的目標與行為，接下來審視自己周遭的世界，辨識自己尋覓的對象，以及何處可能尋得此人時，我會握著你的手陪伴著你。接著，我將會為你展示，如何把這些方法運用在真實世界。可怕嗎？不會的。運用調情學吧！這才是有趣的部分，讓你知道如何運用我那經過不斷測試的系統，迅速適應複雜的調情世界，並獲得豐厚的成果。

不過，首先，我想先整理一下你對調情的成見。我注意到，來找我協助的人，大多都抱持類似的想法與擔憂。第一步，要先把這些東西清理掉，準備好了嗎？

迷思一：調情相當困難

困難的事情：跑馬拉松、算代數、登上聖母峰、完整解完數獨……。

不困難的事情：問別人一個問題。

或許你不會把問別人一個問題當成是在調情，這也許就是為何你會覺得調情之路如此駭人的原因。你要嘛就是一邊偷偷摸摸地把二頭肌繃緊，或挑眉弄眼，不然就是什麼也不做。這樣一來，既然你覺得這些作法是看起來很爛的老招，或太假了，乾脆就什麼也不做。但調情學傳授你的調情方式，是從問些簡單的問題開始的。問個問題，接著評估當下狀況：這個人接梗的反應如何？他們看起來有想要接球嗎？我想要繼續跟他們來回嗎？我是不是依然享受這段過程？再問下個問題，然後再評估一次。當你（或對方）覺得差不多了，就華麗轉身，然後找到另一位，重複這個過程。

調情不是要你去試駕法拉利；你不用拚命在三秒內從零加速到時速一百公

里。不過調情的開端，往往始於一個簡單的提問。

因此，法則一就是：**調情很簡單**。我就調情的科學與互動的藝術這個主題，進行了許多演講、工作坊、講座、調情之旅與教練課。課程結束後，常見的反應是，「你讓這件事聽起來有夠簡單。」這是因為基礎原則**就是**這麼簡單。我能理解，在這個時間點，你可能還不相信我，但給點耐心。你會覺得困難，原因在於沒人教過你這些基礎原則；這不是一般課堂能夠學到的東西（這著實令人遺憾）。其他原因在於，我們提出這些基礎原則之前，首先得要拋下那些假設、期待、自我信念，以及與此事無關的情緒。如果沒人指導，這個部分並不那麼容易。不過別擔心，這就是我寫這本書的目的。

對你來說，一場理想的調情邂逅，看起來是什麼樣子呢？是她讚揚你才氣煥發的智慧嗎？是你在結束後拿到她的電話號碼嗎？是你們兩個從派對一角，移駕到某個私人空間獨處一兩個小時嗎？是用你們令人驚訝的機智風趣，以及對《冰與火之歌》（*Game of Thrones*）瞭如指掌的態度，讓對方目瞪口呆嗎？是能真正約到會（而不只是臉書多了一個新好友）？嗯，當然，上述任何一種情形都算數。但最重要的是，理想的調情邂逅，就是你跟對方的感覺都很棒。雙方都覺得，「嘿，這個人懂我。這個人有在意我！」畢竟，每個人尋求的，都是同一件事：有人讓他們感受到自己的特別、獨特，以及被當成一個咖。回想一下，上一次你那場理想調情邂逅的狀況。會無聊嗎？難以施展嗎？尷尬嗎？才不會！理想的調情邂逅不會發生這些事情，調情就應該要有趣好玩！這比其他事情都重要。

為什麼大家會想調情？我曾在跨文化研究、私人客戶、個人網站等，幾乎各種情況下問過這個問題，也收到了五花八門的各種答案：「我想找個伴」、「想多約點會」、「想在跟男生相處時多點自信」、「想要不尷尬地約女生出去」、「想在各種社會情境下都更有自信」。往光譜輕的那端看，調情是個「打發時間的有趣方式」，有時候甚至是「看看我的功力還有幾成」。因此，有些人心中會有特定目的，另一些人只是想加把勁，讓自己感覺好些。

以上種種，關鍵都在於自信；所謂自信，就是開心地對別人展現出自己的樣貌。擁有自信，就能輕鬆自在。我們鎖定的，就是這種狀態。過去十年來，我在這個領域中幫助他人時曾注意到，對你喜歡的人表達你對他們的興趣，最後都會讓一些最有自信、最精明的人，變得無比多愁善感。幾乎所有來尋求我協助的客戶都曾告訴我，他們「在調情上毫無希望」或是沒辦法跟陌生人交談：「如果我走近對方，他們會覺得我很古怪或太過刻意。」從這個角度來看，無怪乎調情的前景要說是一種樂趣，更像是一種恐怖的嚴峻考驗，打從一開始，你就判定自己一定會失敗。

本書後面的章節，我會為你介紹心智模型的概念，並解釋如何駕馭這個威力強大且正向的工具。現在，先思考：你個人對調情的態度為何？你覺得自己擅長這件事嗎？你樂在其中嗎？你把它想成一套必須遵守的指導方針，或是與人交談必備的處方？你覺得需要盛裝打扮，或是在特定場合才能出招嗎？你覺得撥頭髮或瞪大眼睛能達到目的嗎？你有一定要達成的最終目標嗎？像是拿到對方的電話、上到特定壘包，或是找到完美的另一半？

我們先把期望降低一些。你不是每次出手都要找到人生中的至愛，你甚至不盡然要約到會。先試著激起一段愉悅的人際互動，或許能打開約會、締造關係、友誼或新體驗的機會之門，但也可能就是一段有趣的記憶。所以，先決條件就是要相信：你也能找到這樣的樂趣，而且易如反掌。

——對你來說，調情是什麼？

一、確認你目前對調情抱持的態度為何：你擅長嗎？覺得害羞？覺得尷尬？覺得每次邂逅都是一種磨練嗎？還是一種測試？

一件樂事？
二、你認為這樣的態度起源於何處？青少年時期、你的父母、朋友，還是你親身經歷過的某件事？
三、對於這樣的態度讓你覺得開心嗎？這樣做的時候很順利嗎？就算過去很順利，現在情況仍然如此嗎？
四、你希望自己對調情有什麼新的態度？
·調情是有趣且輕鬆沒壓力的事情。
·就是簡單的調調情；不代表你得把她娶回家。
·調情是要讓雙方都感受到活力。
·對方對於調情的反應不是我的責任。
五、現在，接下來的一個月，無論你身在何處，注意自己是否落入舊模式之中，即只注意那些支持你第一觀點的事情。這次，只注意支持你新態度的「證據」。舉例來說，如果你參加派對，跟新認識的人調情愉快，但不真的覺得你們是命中注定要在一起，請以新的真言提醒自己：「只是調調情；我不用娶她回家。」你就自在地享受這場邂逅吧，或在不多做自我評斷的狀況下，結束這次調情。

迷思二：好的調情是自然發生，而非刻意製造的。

我們重述前面的第一點建議：調情既有趣，且輕鬆，是嬉戲，而非根管治療。而就理論上來看，這個迷思聽起來可能不錯，要是你一切順利，沒有因為某些小問題，少了調情基因就好了。不用擔心，調情能力與生物學毫無關聯，而是關乎人類的行為，且行為是可以改變的。

法則二：**調情是種技術**，可以學，也可以教，我就是在做這件事。不只是可以學，就跟其他技術一樣，也可以靠著練習不斷進步。你是第一次坐在鋼琴前，就能馬上彈出協奏曲嗎？第一次穿上冰刀鞋，就能輕鬆寫意地在冰上旋轉嗎？為何我們能夠接受自己無法瞬間講出一口流利的法文，但是對於調情，就無法給出同樣的餘裕，一定要馬上成為調情大師呢？

正如同許多藝術家一出生就擁有驚人的天賦，天生的調情者也有與生俱來的魅力。但大部分人都不是畢卡索，也並未擁有震驚四座的調情魅力。我保證你不需要多年的訓練，才能成為調情藝術大師，不過這跟其他學問一樣，需要不斷練習。就像高爾夫選手阿諾．帕瑪（Arnold Palmer）的名言：「我練習的越多，就越容易走好運。」假使你想要，你也能夠學到如何走好運。

學習調情技術的過程，你將慢慢跨出舒適圈，這話可是一點也不假。你第一次真槍實彈調情時，可能會感到手足無措與尷尬。我會要你去做一些你平常不會做的事情：走近陌生人；在捷運上對其他通勤的人微笑；問其他人除了幾點幾分以外的問題等等。有些時候，你會覺得不適，而且好像你沒把事情「做對」。要時時提醒自己，你沒有把事情搞砸，這是可預期的。這是學習新技術時必然的過程。而且，就跟學習其他技術一樣，練得越多，就會越熟練，調情也是如此。

要持續做讓自己不舒服的事情，我們才會精通此事。我有時會聽到別人說，我要他們做的那些事情，讓他們覺得「不自然」。但他們真正的意思是，他們覺得不舒服。

沒錯，剛開始跟別人溝通交談，可能會覺得「不自然」，但假使你持續一個月每天這樣做，它就會變成你熟悉的行為，這樣一來，它就會開始讓你感覺「自然」了。這樣思考看看：你可能對自己的工作相當有自信。你知道自己在做什麼；你日復一日的在做這件事。你知道要穿什麼，知道員工餐廳哪天會供應你喜愛的食物，可能還能從老闆早上說「早安」時的語氣，判斷出他今天心情不好。你是一出生就知道這些事情的嗎？這是「自然」現象嗎？不是吧？那你現在怎麼會對這些事情那麼有自信？答案就是練習。你是靠著朝九晚五做這份工作很長一段時間，才跟現在一樣熟門熟路的。你不只知道要期待什麼，也知道自己在擔任這個角色時，能力到什麼程度。在調情世界中，你可能每半年才會有一個小時的練習機會。這樣一來，你不確定該怎麼做也是合情合理。我們不需要排除這個事實，即因為這讓你覺得不舒服，可能就完全避開它，以至於完全沒有練習的機會。但假使你每天花個八小時來調戲你那小小的心臟呢？你覺得你會不會更舒服自在呢？

有趣的地方在於，大多數人都覺得他們不擅調情。然而從我身為調情教練的角度來看，我看到的是，所有人都覺得**他們**是唯一不擅長此道的人，而世界上其他人都是瑪麗蓮夢露和情聖卡薩諾瓦，從清晨調情到黃昏，令路上男男女女為之顫抖。我們換個角度來看，先接受大部分的人，其實都對於跟新對象會面、對陌生人吐露個人資訊，並把自己放在可能被拒絕的弱勢狀態感到不舒服。要理解到，我們跟其他人沒什麼兩樣。接著，了解到唯一進步的方法就是練習後，把自己放到那些不舒服的狀態之中、接觸那些長相姣好、自信爆表的陌生人，開啟一些不知道會導向哪個方向的對話。就讓我們來學習這項技術吧！

——挑戰：問別人一個問題

此刻，你可能還想著跟陌生人交談會很尷尬。這個課題是要你領悟到，靠著練習，我們可以在令我們不舒服的事情上表現的更好。

課題：下個星期，每天問陌生人一個問題。

指導方針：

一、你必須明確指出，你是特地問他們問題的，而不是隨意向某個方向的人瞄一眼，然後把話藏在嘴巴裡含糊不清的念念而已。

二、這個階段，我的預期是你會詢問簡單的資訊。你可以用一些直接一點的問題開場，像是問路或是時間。這時你唯一的目標，就是練習與人接觸。

三、不需要對這次互動有太多依戀。你的課題是要問別人一個問題。成功或失敗與他們回應的內容無關，只在於你有沒有完成這項課題。

四、如果你設定好特定地點或時間，可能會有幫助，像是「每天早上上班途中，我要向人問路。」喔，你是說，你本來就知道路了不是嗎？別擔心，要記得這項課題的重點在於：用簡單的方式練習與人接觸。

五、避免接觸的對象：暗巷中的陌生人、任何自言自語，眼神閃爍的人，或是穿著辛普森家族T恤的人，只是以防萬一。

迷思三：調情十分嚇人

當時我二十五歲，在距離東京車程一小時的小鎮教英文。我和朋友有時會進城，去知名的六本木發洩一下。有天在一間俱樂部，我看見一個非常有吸引力的男性站在舞池邊。根據他獨自一人，且站在舞池邊，我想他會是我嘗試全新舞步的完美對象。我走近他說，「不好意思，你想跳舞嗎？」他打探了一下我，搖搖頭說不了，就把眼神移開。我的情緒不斷變化。首先，我驚呆了。我不敢相信他如此粗魯地拒絕我。接著，我走回朋友身邊的途中，狠狠的責備自己：「珍，妳真落漆。妳醜斃了。妳怎麼敢這麼做？」再來是憤怒：「**他**才落漆。大爛人！他怎麼會這麼混帳？如果不想跳舞，可以拒絕的客氣些吧⋯⋯。」

不過又過了一陣子，我看到他身邊有另一個女生，就馬上覺得好多了。「啊，他有女朋友啦。所以才不想跟我跳舞。他可能是在等她，等她到的時候，他不想解釋為什麼要跟別人跳舞。」我的結論是，偶而我們並不知道確切狀況為何。對方可能累了、聽力不好、穿了不舒服的鞋子、有個愛吃醋的伴在包廂等著。我們不知道他們當下有什麼狀況。

不過那天晚上，我得到最重要的教訓，是剛被拒絕時的那些想法。坦白說，對於那個男孩與他拒絕我的事情，讓我這樣虐待自己，還是讓我無比震驚。我怎麼會讓一個完全陌生的人如此動搖我的自我價值？我根本不認識他，他可能是個小狗殺手。我怎麼會讓這個實驗對象擁有決定我自我價值的權力？除了我之外，沒人可以這樣做。從那天起，沒人可以，這是我從中獲得的寶貴教訓。當你讓自我價值的感受，受陌生人所影響，事情的走向不如你預期時，也別太意外。

這段經驗距今已經是幾乎二十年了，但我現在還是會思考這件事。不是說過去我一直缺乏信心，而是這件事讓我在有人拒絕我們的時候，以邏輯思考拒絕的問題，而不是跟通常的作法一樣，用直覺情緒來操作。

這也引領我們到法則三：**調情並不嚇人**。許多人會說，接近陌生人並試著開啟話題，他們會覺得尷尬。試圖要說些聰明的話來給不認識的人留下印象，加上做某些不習慣的事情時那種尷尬感，意味著你甚至還沒開始，那份壓迫感就會阻礙你的行動。更糟糕的是，假使你認為，跟某人說話，就是給了他們評估你的機會，並給了他們接受或拒絕你這個人的權力，那麼我絕對理解，為什麼你的心中可能會湧現焦慮。

可是這**不是**你該做的事情。你不是要試圖想說些完美的話，好讓陌生人留下深刻印象，因為這不太可能做到。要記得，那是一個**陌生人**；不知道什麼話會或不會讓他牢牢記住。也不應該把這一刻，當成從一個甚至不認識你的人身上，尋求正面肯定你美妙之處的機會。你就是問他們一個問題，不多，也不少。

一開始，你只要動起來就好，並希望這能夠成為一次不錯的接觸：僅此而已。**你自己負責自己的部分即可**，不要預測或控制對方。別忘了，你現在是在與陌生人來往；你對他們這個人或狀況一無所知。他們就是路人，不是你未來小孩的父親，也不是你的準新娘。他們也沒有等在那，準備好打量你的外貌、個性或是各方面的吸引力。反之，我們來看看這次互動真正的目的為何：跟某個你跟他說話的人來個短暫接觸。如果他們現在沒興趣談話？那也無妨，放下它。他們現在會不想跟你談話，原因可能有一百萬種，其中大多都不是因為你。他們可能很忙；可能結婚了；可能剛收到什麼很糟的消息，或是超棒的消息。

換句話說，會有什麼反應原因都在他們自己，幾乎都跟你無關。所以，我們想那麼多要幹嘛？心理學上，這叫做「舞台中央症候群」（centre stage syndrome）：我們總會認為自己站在舞台中央，大家都在看著自己，並評判自己的表現。現實生活中，沒人會分神注意我們。我們都是他人生活中的臨時演員。一旦我們不再試圖成為對方舞台上的明星，一切都會簡單許多。當你把自我價值感讓其他人來決定，讓他們以隨機起伏的情緒與包袱來決定，調情就會顯得窒礙難行。你真心想把這樣的權力，拱手讓給站在東京夜店舞池旁不知道哪來的傢伙嗎？我做過一次，再也不會有下次了。

這種嚇人的感覺，只有在我們向外部尋求認可，仰賴他人來讓我們感覺良好時才會發生。照我的說法，就是走在滿是坑洞的地方。像是：「**嘿，你會讓我覺得自己很漂亮嗎？**」另一個坑像這樣：「**你，來這。我需要你讓我覺得自己安全且有趣。**」但假使我們自己來處理這些坑洞呢？假使我們自己把坑洞填滿呢？假使我們不需要仰賴他人一時的想法來幫我們填滿坑洞呢？假使我們以不同方式來思考這件事，我們對調情的看法是否會有所改變？

反正，我們來檢視一下這些不舒服的狀況吧。說實話，到底有多不舒服呢？你實際上究竟冒了什麼樣的風險呢？

在我的無懼調情之旅，時常先從這個簡單的課題開始：去路上跟三個人對上眼神，然後對他們微笑。有一次，某個參加者衝回來我身邊。「哇喔！」她說。「差點就成功了！」我有一點點擔心，到底是什麼情況？畢竟，我們在藝廊裡，算不上高風險環境。「我跟我朋友幾乎同時對同一個人微笑！」她說。我只能笑了。「呃，這有什麼問題嗎？」我問她。「恩……他應該會覺得我們瘋了吧！」這樣的狀況還滿常見的。大家通常會擔心，不止一個人對某個人笑過了。沒事的，這不像聽起來那樣會對生命造成威脅……。

這也是提出法則三的好時機。像這樣的案例，我喜歡把主觀情境，也就是總以「我」為中心，轉換為客觀情境，讓人跳出當下的環境，以更客觀的角度看待事情。我發現這個時候，換位思考會很有幫助。

「好的，那假使有個人和他的朋友同時對你微笑，你會覺得他們瘋了嗎？」我問她。

「恩……不會。」她回答。

「那如果有兩個男生對妳微笑，妳會有什麼感覺？」

「我應該滿喜歡的。」她說。

「好喔，那妳怎麼會以為他就不會喜歡呢？」

我注意到有些人似乎有雙重標準：對自己是一種，對別人又是一種。要用更客觀的角度看待事情，我們得對每個人都用同一套標準。

因此，我們來想像一下最糟糕的狀況：這位來看展的人對於有兩位女性對他微笑一事感到質疑，覺得她們兩個都瘋了。但這有什麼問題？這是他的權力。他不認識自己質疑的女性；他不清楚她們的個性、狀況、希望、夢想與抱負。他沒有足以「批判」她們的資訊。在一次調情邂逅中，我們不會把自己的個性擺出來讓人評斷；假使他們不說好，我們也不會給予他人毀掉我們這一天的權力；我們不是嘗試要找到人生中的至愛。是你決定以微笑、開心、和善的態度面對他人，因為這是你選擇這樣做的。這是你想成為的模樣，也是你想要的生活方式。這個選擇不需要看人臉色。

調情並不嚇人，因為它並不是要把你的情感幸福變成其他人的責任。無論對方要不要投入這次調情，決定權都在他們。如果他們選擇不要，並不是因為你給了他們不好的印象。

我們用這個角度，再來想想剛剛在藝廊的狀況。為何這兩個心存懷疑的女生得是輸掉？這個練習沒有「失敗」的問題。這個課題不是要你對某人微笑，然後對方也得回以微笑，只是要你對某人微笑罷了。我們只要控制其中一部分，對方要怎麼做是對方的事。有人對他們微笑，可能會讓他們非常驚訝，以至於當下反應不過來，直到另一個人從他身邊走過，他才對那個人投以微笑。他們也可能直接回以微笑，那便產生了一次美好的交流。也可能他們沒有接收這份微笑的心情，什麼反應也沒有。也沒關係，因為我們不是為了得到微笑而對他微笑。

多年來，我因這個練習不斷改變自己的看法。我曾教授人們「如何開啟一次對話」但之後又發現，一場對話，得看對方是不是想要參與；這個部分我們無法控制，也無法指望。所以，現在我是教大家「如何問某人一個問題」這也是我們唯一能做出的影響。而且假如會失敗，一定是我們沒有行動。失敗不需要怪到外部要素，只和我們是否堅持做我們想做的事情有關。

我喜歡把微笑想成給予某人禮物或讚美，我們不會抱著對方要回禮的意圖來給予。這跟微笑一樣，是讓某人感覺愉悅的機會。假使他們不想要我們讓他們感覺愉悅，我們也不用覺得被拒絕了；沒有什麼好被拒絕的。

這也是為何調情學有個法則是，調情並不嚇人：沒什麼好害怕的。你想要你的情感幸福取決於每個跟你擦身而過的人，他未解的心靈包袱、心情或自我發展水準嗎？不，別這樣想。你做你想做的，別人也會做他們想做的。你會發現，大部分時間他們都樂於收到你的微笑，這也會讓你更容易再次給予。重點在於，你要設好自己的界線。你只為自己負責。

恐懼也是另一件控制我們的事情；它通常會連結到一個並非真實的時態——未來。在未來，一切皆有可能，這意味著我們完全可以自我放縱，讓我們的大腦狂野地推敲。如果你跟大多數人一樣，對於做出第一次接觸的態度可能會是如此，「**如果我去跟人搭訕，她會覺得我瘋了、孤注一擲或是裝可憐**。」用未來的概念來思考，我們可以縱容自己用最大的可能，思考我們確信一定會發生的最糟情境。我們絕不能這樣作。當你真正跟別人交談，而他在你面前笑出來的時候，活在當下吧！我們要持續不斷把自己拉回這個唯一真實的時間與空間：當下。就如同我喜愛的愛蓮娜．羅斯福（Eleanor Roosevelt）曾說過的：「昨日是為歷史，明日是個謎團，今天是份禮物，這也是為何我們要把握每個今天。」不要在內心上演小劇場了，不要把想法強加到別人的腦袋裡。讓他們自己思考，非常感謝。如果你看到某個與他人接觸的機會，就勇敢上前吧。別思考：做就對了！

——挑戰：讚美一個陌生人

你喜不喜歡別人對你說些好話？（我非常希望答案是喜歡！）你覺得其他人也喜歡聽嗎？那麼為何腦中冒出想對別人說些好話的念頭時，你不告訴他們呢？這個穿著華美的女生走過你身邊時，為什麼不對她說「我喜歡妳的打扮」？在星巴克時，站在你前面的男生，身上散發著醉人的古龍水氣味，為什麼你不跟他說「你身上的味道好香」？你在訂電影票時，電話另一頭的人，那悅耳的音調令你痴迷，為什麼你不跟他說「你擁有美妙的嗓音，我沒想過訂電影票也能如此愉悅」？當這些話語從你腦中冒出來時，就大聲說出來。就跟你喜歡突如其來的讚美一樣，別人也會喜歡的！

因為害怕被拒絕或嘲笑而抑制讚美人的想法，是大錯特錯。以真誠的方式讓別人如沐春風，肯定是個讓你自己感覺舒服的好方法。下個星期，你的課題是每天都跟一個人說些好話。以下是一些指導方針：

一、一定要真心誠意。

二、最好不要提到肩膀以下的身體部位（除了右拇指。稱讚對方的右拇指都會是件好事。）

三、稱讚越具體越好。這會讓對方以更個人的方式感受到這份讚美。舉例來說，不要說「眼睛很漂亮」，要說「我從沒看過像你這樣光彩奪目的眼睛」。

迷思四：拒絕是件壞事

這個社會教導我們，拒絕是種靈魂毀滅的體驗，你得不惜一切代價避免此事。即使對拒絕有所恐懼，我們在不遠的未來還是可能體驗到這種無比揪心的感受，這就足以讓我們躊躇不前了。這是一種無比強大的情感！假使我們以不同角度看待它，一種並未賦予它如此強大力量的方式呢？有一種展現法則四的方法：拒絕是我們所擁有最強大的工具之一。

年紀尚輕時，我的朋友很喜歡在派對上跟人介紹，我是「調情專家」。派對那些傢伙，會出現以下三種反應：他們會一：躲遠遠的。二：反過來試著對我調情，像是在進行某種競賽。或是三：把我帶去角落……把我當成愛情專欄作家，希望我對他們喜歡的女孩提出建議。人們曾經用非常擔心的口吻問我，「妳不會害怕永遠沒機會跟人進一步相處嗎？不會有很多人被你嚇到嗎？」我的答案是，不會，我不擔心沒機會跟人進一步相處。

然後，沒錯，有些男生會被我嚇到。這完全不會對我造成困擾。原因在於，我知道拒絕也可以作為一種有效的淘汰機制。

所有當年被我嚇到的人，想來都不會是個好對象。我們可能會欺騙自己要入戲，努力嘗試變成那種不是我們的人，好讓這件事「成了」。但長期來看，我們在一起不可能開心的。我是要尋找那種可能成為維持平等關係的伴侶，自信且差不多獨立的人，所以假使他們當時以這些理由拒絕我，著實幫了雙方一個大忙。除此之外，在你人生的這個階段，你覺得有多少人能開心地跟你共用一條牙膏、幫對方疊衣服、幫你決定客廳要怎麼裝潢、把假日花在陪對方家人，幾乎二十四小時都膩在一起？這麼一來，為何我們遇到的大多數人都不是適合的對象這件事，會讓人感到訝異呢？

當我們發現自己跟其他人不來電，這不是某種拒絕的形式。這是個溫馨提醒，指引我們正確的方向。這不是在告訴你哪裡出了錯；是一種有效的機制，幫助你過濾出適合你和不適合你的人。

比較一下下列兩份聲明，都是來自於我的研究（這些特定答案恰好都是巴黎男性提供的，但都反映出一些舉世皆然的態度）。

問題是：「你對拒絕的感覺為何？」

有個男生的答案是：「如果被拒絕了，意味著你長得不好看或是個性不好。」哇嗚。在一次短暫接觸中，居然要承擔這麼多自我懷疑啊。

上述答案與這一則回覆形成鮮明對比：「我覺得，『至少這樣讓事情清楚明確。』我繼續找下一位。這樣能幫助我忘記她，因為我不會因此迷戀不想要我的女生。」

老實說喔，你認同哪一份聲明？哪一份你覺得最有幫助，最有建設性，最後最有可能成功？

事實上，這個主題，我們可以把另一個巴黎男子的回應作為最後的總結。這個人是怎麼看待這件事的？他讓拒絕毀了這一天嗎？他讓這件事侵蝕掉他的自尊嗎？絕對不是這樣。

他的回答是：「在夜店或酒吧，我會說，『嘿，妳好嗎？』對方說，『我沒興趣。』不是說你被擊敗了，因為我表現了善意，而大家通常不會這麼做。我替自己加了分。」

確實是這樣。而這一切引領我們往下一個重要的法則前進……

迷思五：完美的調情能夠吸引任何人

想像這個畫面：妳跟朋友一起參加派對。妳很開心、裝扮看起來很棒，準備好度過一段美好時光，也希望有個美妙的夜晚。假如這段時間還有幾次調情邂逅，那就更好了。誰知道妳會在哪一刻遇到下一個白馬王子呢？過了一陣子，有個人接近妳朋友。他算不上是她的菜，不過她對他的笑話還是回了不失禮貌的笑容（雖然，老實說，冷笑話真的就是不好笑）。他跟她聊自己擔任業務主任的工作大小事，雖然這不是她特別有興趣的領域，但還是假裝在聽、問了他一些問題，並在他解釋一些枝微末節的時候擺出大開眼界的態度。當他最愛的歌曲響起，雖然這不太像她喜歡的曲風，她還是答應跟他跳舞，結果她這晚大部分時間都在跟這位各方面都不合拍的人共舞。她的態度就跟對他有興趣的人幾乎一模一樣：笑容滿面、會提問，且最重要的是，沒有走人。因此，他受到足夠的鼓舞，跟她要了電話。她也給了，並希望他永遠不會打來。但至少她知道，自己還有本錢：這裡有人對她有興趣。

同時，這個晚上妳也有戲。第二名男子走向妳。妳給了他一個機會，但聊了一下，你們兩個顯然沒有太多共通點。他似乎渴望繼續深聊，但妳禮貌的脫身。妳看到另一頭有個人是妳的菜，便找了機會靠近他；你們簡短的交談，很快就知道他有女朋友了，妳只得撤退。整個晚上，妳在派對中穿梭，跟幾個男生聊天，但沒有真正看上眼。雖然最後妳認出某個跟妳上同一堂瑜珈課的女生，而且聊得很開心，回家時妳沒能拿到誰的電話號碼；顯然白馬王子仍在雲深不知處。

妳們倆哪個是比較成功的調情呢？當然是妳。妳可能沒有帶著電話號碼回家，但妳的朋友整個晚上都跟她自知不對的人糾纏著，現在還得面臨在不傷對方的心之下，拒絕他可能會提出的約會邀請。到頭來，就是浪費雙方的時間。更糟糕的是，現在她讓自己更容易受到拒絕的那股刺痛所影響。利用別人作為讓你自我感覺良好的手段，只會強化你的恐懼；它會延續負面循環，讓你更依賴他人的正面肯定，反而又進一步強化了你對拒絕的恐懼。

同時，你主動決定跟你選擇的人交談。那天晚上沒有合拍的對象，但這是你自己的選擇。你不覺得需要跟第一個表現出興趣的人多說什麼。且由於你做了足夠的第一步接觸練習，這代表你下次會表現的更自在。等到正確的人出現，你也會準備好享受邂逅。

這就是法則五：**你不需要吸引所有人的目光**。你得吸引到正確的人，要怎麼樣才能辦到呢？做自己，這樣就會吸引到喜歡你的人。我們都想要全力以赴，讓自己看起來最性感，在每次調情邂逅中，展現出最聰明的那一面。我們也應該如此。不過把自己假扮成某種樣貌，是沒辦法吸引他人目光的。聽到不好笑的笑話硬要假笑、為了讓自己顯得受歡迎而假裝對某件事感興趣，這不是調情學的目的。我大膽推測，這也不是你真正想要做的。

調情學不是在玩戀愛遊戲，或是精心制定一些規則。不是要為了追求贏得關注，而偽裝成某個不是自己的樣貌，而是要展現出真正的自己。這代表你不用跟所有人都合拍。有時會有挫折。完全沒關係，事實上，這是件好事。你喜歡運動嗎？喜歡晚上跟朋友出去玩嗎？喜歡斯堪地那維亞犯罪驚悚片嗎？那你哪有時間跟所有人都合拍呢！要記得，這個你貪求事物的潛在名單並不多。也不需要多，你只需要一個。

我有一個客戶想找個喜歡社交且外向的伴侶。她希望對方樂於在她人生中重要的部分，也就是所有活動和派對，都能陪伴她。她也很喜歡閱讀和學習，時常把時間耗在當地的書店，我們把這裡視為可以用開放的心胸，以及警惕的眼光來時常關注的絕佳地點。她告訴我，她覺得如果自己問一個正在隨意瀏覽書櫃的人，「你讀過這個作者的書嗎？」對方可能會覺得尷尬，隨便說一句話就跑掉了。除了她落入了想像中**那個**從未發生的陷阱這個事實外，我問她，為何這樣的回應會是個問題？「如果我們用全然不同的角度來看待此事呢？妳說過，找到一個能夠輕鬆自在跟人談天的伴，對妳的未來有多麼重要。如果妳問了某個在書店的人一個問題，而他不知道如何回應且因此逃之夭夭，那這個人有可能符合開心地跟妳參加各種活動的標準嗎？這樣一來，他會是妳未來的好伴侶嗎？不會吧，所以，為什麼不把它想成一種有效剔除那些不適配對象的方式，用這個方法做為找到合適對象的出發點呢？」

我們不會想要每個人都對我們有吸引力。我們期待吸引我們的對象，是我們想跟他在一起的人。

迷思六：男人得踏出第一步

女生能先接近男生嗎？我時常被問到這個問題，而我的答案總是相同：「當然。」她們也應該如此。

但你不用只聽信我的一面之詞。在我最近的調情之旅，有名五十多歲女性問了我這個價值千金的問題。與其直接把我對此事（強烈）的觀點分享出來，我想我會先提出來讓大家思考。在一個混雜了各種性向的團體，他們對此通常意見一致。這就是法則六：**男性或女性都可以主動接觸對方**。套用一名年輕男性的說法：「女性當然可以主動接觸男性。到底是誰決定誰要擔任哪種角色的？」涉及此事的人，其年齡在這裡相當重要。女性慣於以特定方式行事，而年輕男性習慣讓事情較不明確。我從自己的跨文化調情行為研究中得知，大部分的男性樂見女性主動接近他們，而且他們不認為自己因此錯失了任何追求的機會，也不覺得這樣的女性很「好把」。我時常聽到類似「就算她主動接近你，也不代表什麼。這場遊戲才剛開始而已。」不過我不斷發現，大多數女性不知道這個事實。

——為何沒有太多女生主動接近男生？

許多女性對於主動踏出第一步仍然有些躊躇。原因何在？是的，確實有很多例證可說明此事。我不相信那些是真正的答案，但我確實認為值得好好檢視這個原因。第一步，我們要先回到過去，回到差不多一萬年前，人類還在狩獵採集時。據傳，男性負責狩獵，而女性負責採集，後者是為較為被動的角色。顯然地，到了二〇一八年，人們仍預期男性要承繼這樣的定位，暗示他們應該狩獵或說主動接近女性，以某種意義來看，女性是他們的「獵物」。

好喔，如果我們從生活在過去幾萬年前的人的行為，開始探尋社交線索，首先我們得問的是，這個故事是否屬實？

這個故事擷取了性別間的權力動能（Power Dynamic），不過在這段論述中，時常遺漏了另一個重要因素：狩獵採集人口大多是平等主義者。此外，與這段簡潔清楚的故事情節相反的是，女性也會擔任狩獵者。在印度，「考古證據顯示，狩獵牽涉了女性與男性之間的夥伴關係。」再舉一個現代的例子，菲律賓阿埃塔人（Aeta）女性，是非常優秀的獵人。

那為何「男性作為獵人」這樣的故事情節會跟我們的論述有關呢？我們可以從狩獵採集這個角度擷取大量的角度，像是每週工作十五至二十小時、將泛靈論（animism）視為我們主要宗教信仰系統等等。但我們並未如此。為何這個特點會讓我們產生如此強烈的共鳴呢？

男性作為邂逅的始作俑者的第二個理由，來自於一個更強大的來源基礎：生物學。廣泛的說，它來自於動物界，並圍繞著此行為是「自然法則」的想法打轉。我們來看看黑猩猩。

據說黑猩猩是跟人類最接近的靈長類動物，DNA與人類有九九%相同。黑猩猩的社會是由男性主導，這算是個眾所周知的事實。運用動物王國中這個男性行為範例，此論述推斷出人類男性的某種程度上，天生就要主導邂逅。但你可能沒聽說過，我們還有其他DNA與人類有九九%相同的靈長類近親。他們是倭黑猩猩（Bonobo）。倭黑猩猩是和平的族群，偏好性接觸不喜暴力。鼓勵雜交，對於性行為幾乎毫無限制。為何我們不曾聽過這種靈長類動物的事情？沒錯，與黑猩猩的案例不同，研究指出倭黑猩猩社會中，女性的社會地位較高。女性的性別地位很高？女生是老大？恩哼，這不太符合傳統的論述，把它排除在外吧。

最重要的是，我們是人類，不是黑猩猩也不是倭黑猩猩。我們有自己的社會結構。我們為什麼要從那些睡在樹上的動物身上，探尋我們的社交線索呢？

男性與女性的共通點多過不同點。但我們似乎都在少數差異處鑽牛角尖，在這些事情上小題大作。這些論述十分危險，它們把女性妝點為被動、無性慾，與男性截然不同。更糟糕的是，有許多人毫不懷疑地相信這個概念。

可是我們為什麼要把這些故事當成基本事實而全盤接受呢？就我的看法，答案大多在於經濟層面。過去男性主動邀約女性出遊的習俗，是由於傳統上，我們這個物種的男性成員，能夠掌控較大量的錢財。這意味著他們得負責準備某種接送女性的交通工具，通常也要負擔像是鮮花或巧克力等禮物來獲得加分。他們也要負責結帳，並確保女性安全到家。身為女性，妳不需動念打開皮夾掏錢，對男性來說，這是個所費不貲的夜晚。他們會獲得什麼回報呢？有望獲得一位好伴侶、下一次約會的機會，或許有些行動上的進展。但其中最奢華的獎勵為何？選擇。他擁有選擇邀約出遊的權力；女性往往只能接受或拒絕男性的邀約。

但我們生活的世界再也不是那樣了。雖然世界的進程尚未完成，女性賺錢的能力仍然落後於男性，但今日女性即將獲取平等，也比過去任何時候都更加獨立與富有。再也不需要被舊模式所支配了。

我們確實可以看到，在一個不把男性需要踏出第一步作為束縛的文化之中，約會是什麼樣的光景。我在進行調情行為的跨文化研究時，曾到訪斯德哥爾摩。在瑞典女性所得幾乎跟男性一樣多的國度，女性在政治與商業上有強烈的代表性，國家支付了那些傳統上為女性所做的高成本支出，像是健康醫療與兒童保健，而在這樣的社會中，宗教幾乎是個不存在的角色，對於性別角色與製造浪漫接觸的問題，在這裡有著截然不同的態度，而這並非巧合。

我發現，在斯德哥爾摩，女性正做著傳統上只允許男性的選擇。至於女性主動接近男性，就沒什麼爭議了，大家都支持。我沒聽到有人把男性當成獵人或天生就應如此的說法。有名男子解釋說，「在調情文化，男性與女性皆為平等。沒有什麼女性不能主動接近男性的社會規範。」

這種現象十分常見。正如一名男子所解釋的，「很有可能是男生先盯著一個女生看，接著女生跟著做出回應。」這跟傳統上我們被教導的性別角色有天壤之別，先是女性有眼神交會的行為，男性才會上前搭訕。

另一個人說，「你要更尊重女性；在調情的領域，她們跟我們是平等的。女性沒有那麼需要孤注一擲。如果她們不想，甚至不需要主動踏出第一步。她們可以坐等後續發展，輕鬆以對。」

我問這些男子，他們是否認為，女性在經濟上獨立，對其調情行為造成了影響。一名男子解釋說，「瑞典女性擁有更多選擇的權力，她們更有自信。在美國，女孩有許多規則要遵守，而且很容易被人指指點點。在瑞典，女孩可以隨心所欲做自己。」

還有另一個意外轉折，有名男生說，瑞典女生會擔心自己在朋友圈中的名聲，假使在酒吧看到一個漂亮男生，她們沒有上前搭訕的話，會被視為窩囊沒膽量的人。聽起來有沒有很熟悉？

我們都聽過男生是「視覺動物」，比女性更重視對方的外表這種誇誇其談。結果發現，當女性有機會選擇的時候，她們也是「視覺動物」！藉由某些瑞典男性受訪者的抱怨判斷，他們不怎麼喜歡被評判外表的額外壓力：「過去十年來，事情有了變化；隨著女性變得更加獨立，也帶給男性更多的壓力。除了提供食物與金錢，我們得要發展其他領域的興趣。在我父親那個年代，做個『好男人』就已足夠；現在我們得懂酒和藝術，還要知道如何打扮自己。我們得對美貌展現興趣，且為此努力。從廣告可明顯注意到此事，可能是因為女性有這樣的要求。」

世上的男人們，別為這件事擔憂。你們之中，已經有許多人明白，與女性分享主動出擊角色的好處。就拿瑞典男子來說吧，他們很清楚：「被選中是種榮耀」、「我喜歡知道自己想要什麼的女生」、「這讓我省下許多麻煩」。其中我最愛的是：「我寧願跟她有來有往，而不是在後面追著她。」

選擇你想跟誰說話、跟誰出去、上床和結婚的權力，不應該等閒視之。這是一種自我決定的形式，所有人都應該能夠執行這項權力。

迷思七：網路就是我們的答案

正如我之前所說的，理論上，網路世界聽起來是找尋另一半的完美地點。不需要出門；穿著睡衣，一邊喝著美味的紅酒（沒有昂貴的服務費），你就可以決定誰跟你搭或不搭。可是，當我們在尋找某種跟愛情一樣重要的東西時，方便真的是最重要的因素嗎？我們以叫份簡單的披薩為例好了。為什麼會有人要叫外送披薩（除非是晚上十一點以後，這又是另一個故事了。）呢？披薩送到你家門口時，會保持最高品質嗎？它會一直保持燒燙嗎？是你能買到最美味的披薩嗎？我想，大部分的人都同意，要吃到美味的披薩，得要出門去吃現做的。那麼為何我們會堅持點外送，吃這種有失水準的食物呢？有兩個原因。一、我們喜歡方便；二、我們懶惰。就披薩而言，儘管沒那麼好吃，方便隨性些當然也沒關係。可是，在找尋伴侶上，為何我們要採取同樣的機制呢？「是的，我躺在沙發上看著名單，找到了約翰。我選了一名高大、深色頭髮，還帶著一點機智與堅持自我的精神。二十分鐘後，他來到我家門前。感覺他不完全是那個對的人，但我太懶惰了不想打電話抱怨，就接受了這個配對快遞。」如果凱特．哈德森（Kate Hudson）在找尋她下一部賣座浪漫喜劇，我想她不用再找了。

這裡是最後一個法則。法則七：你約會問題的解答不在網路上。線上約會這個議題本身就可以寫一本書了，之後我會回到這個主題。但簡單來說，就調情學的角度來看，這裡有些問題。首先，我們提供了一種幻象：選擇無窮無盡的幻象。用他們像是外送餐點的態度來對待活生生的人類，是種危險的思考方式。這樣會讓你總有一種外頭可能會有更好的人這種感覺；如果你可以選擇二號、五號，或是二二二號，那為什麼要選一號呢？有接近三分之一的線上約會使用者，都清楚也同意，網路約會無法讓人就這樣安頓下來，因為總是有其他選擇。這種選擇的幻象讓我們變得越來越挑剔。我們認為自己可以，也將找到更好的人：「這個人有點太吵了；那個人居然穿了棕色鞋子配黑色腰帶；那個人講太多她前男友的事情了。」與其說是把人們視為個體來了解，這反而成了一場遊戲……下一個！

第二：約會網站會提供過濾條件，理論上，這似乎是個好主意。確實需要有某種機制來區分所有會員，但他們也同時給予我們一種錯誤的安全感，好像過濾條件會帶領我們找到完美伴侶。我是個高個子女性，如果被迫要選擇，我會選一個高個子男性。我的丈夫很矮，只要打個勾，我美妙的伴侶就被剃除了。根據勾選系統來選擇對象，可能會基於某些膚淺的原因，而將對你來說十分出色的人刪去。更糟糕的是，你只能根據能夠分類的項目，像是身高、體重、收入、年紀來尋找人選。了解一個人真正需要觀察的地方，無論是否和善、好奇、有幽默感或是有神的雙眼，都無法勾選。勾選系統迫使我們把人當成物件來看待，在那個地方，我們把其他人分類和量化，就好像我們都是岩石收藏一樣。喔，還有，這是互相的，對方也會用同樣方式對待你！

最後，網路很容易就讓你相信自己真的嘗試過了，你確實在那裡尋找對象，並投身於約會圈裡。但你真的做了嗎？坐在螢幕後面真的算數嗎？在我的書中可不算。調情不只是要你說說話或打打字；是一整個配套，從身體語言、左右流盼、來來回回、兩人之間來不來電。試圖在手機那小小的螢幕重現這一切，就像是在玩皮影戲。它並不真的在那。

你真正做的，是把你自己的責任、你的中介，交給演算法。不幸的是，這有點像是健身房會員。你不會單單支付每月的月費，就神奇地變得身材窈窕。你，對，就是你，得要承認這點。你那充滿神力的螢幕不會保護你不被拒絕。因此，你沒有必要躲在它後面。

然而，帶著你剛找到的新技能與防護衣，你就不需要那個數位支架了。現在，你已經有了調情學，準備好了嗎？

LOOK IN THE MIRROR: YOUR FLIRTATIOUS SELF

第二章

照照鏡子——
調情時的自己是什麼樣子？

你是個調情高手嗎？我指的是在真實世界；忘掉按讚數、轉推數和Snapchat與Tinder那些小把戲，我指的是真實人生中跟人類的互動。我在自己的活動上，時常聽到客戶和聽眾說，「我對調情已不抱希望。」當然，這並不令人感到訝異，顯然這就是大家尋求我協助的原因之一。但我時常覺得納悶的是，他們真正的**意思**是什麼？

對我來說，調情不是我在特定時間或地點才會做的個別活動；它僅僅是一種為每日生活帶來愉悅與喜樂的方式。但就算對你來說，現在它還不是個發自內心的行為，也不必太過擔憂。

你每次與人交談，都是一次讓你習慣引發人際關係的練習。我猜，假使你觀察自己每天與他人的互動，你會發現有許多次，自己確實把人性與幽默的元素帶入其中；你只是沒注意到自己正在這麼做罷了。你跟商店那位友好親切的男子買報紙，當他找你錢時，你是只稍微瞄一下櫃台，然後沉默不語嗎？應該不是吧。事實上，你會對他微笑，對令人陰鬱的天氣下一個使人愉快的注解（我住在英格蘭；我們都是這麼做的）。如果是後者，恭喜你！你比自己認為的還懂調情。

但我已經聽到你的反對意見了：那不是你的意思。你覺得自己相當不在行刻意調情，像是為了約人出去調情、為了找個伴而調情、跟你愛慕的人調情。但為什麼要像這樣把事情都分開來看呢？如果你人生中九九％的時間都不調情，只有遇到你愛慕的人那一％情況下才要調情，這樣會比較好嗎？天啊，說的容易：沒有練習，就想從零到一百，再加上被那個人吸引造成的壓力？換句話說，假使你每天都在激發人際互動，這意味著當你偶然發現一個吸引你的人，也就沒什麼大不了的。你不過是再次激發人際互動，只是這次對象是一個讓你心跳加速的人罷了。調情學就是講述如何在真實世界中運用調情技術，把現實人生的互動轉化為一種藝術。假使這是你新的正常狀態，那現在刻意調情就像是在公園散步那樣輕鬆寫意。好的，我們在公園散步，裡頭所有人臉上都帶著微笑，回家時，你至少拿到了一名有吸引力的人的電話號碼。

調情風格

與其思考你是「優秀的」還是「糟糕的」調情者，我們來思考一下你的調情風格吧！

光譜的一端，是**非調情者**（non-flirt）。這種人不會參與調情遊戲；他們做著自己的事，從甲地到乙地，過著自己忙碌的生活。他們嚴肅務實，認為調情是輕浮的舉動。他們不常被人吸引，也沒有餘暇額外花時間，去做跟所有遇見的單身人士打交道這類麻煩事。如果他們的生活十分充實，他們很快樂，那也沒什麼問題。等到他們覺得自己想跟人相處，想與人產生連結時，才會引發問題。從這樣的角度出發，滿屋子的陌生人，就不會是滿屋子的機會；比較像是滿屋子的麻煩。屋子裡這麼多人，是否意味著酒吧會有大量的排隊人龍？

接下來，我們會見到**害羞調情者**（shy flirt）。這個人可以把他因為太害怕行動，而錯失了所有機會的經驗寫成一本書了。他們想要能跟他人交談，想與人產生連結，但到了最後一關，他們總是發現自己一事無成。他們覺得聽別人說話，等對方行動，自己會比較舒適。但他們在等待的人，誤以為他們的害羞是冷漠，或是把他們的沉默當成是對自己沒興趣時，會發生什麼事呢？他們不願主動參與的態度，可能會讓自己覺得安全，但這樣做會讓他們得償所望嗎？

光譜的中央，是**友好調情者**（friendly flirt）。這種人對於與人交談沒太多問題。他們擅長愉快的閒聊，也不介意在公車站花點時間跟陌生人交流。他們從未想過，自己在做的事情是調情。困難的地方在於，要等到他們真正迷戀上某人，才會發現這一切都會分崩離析。他們無法在看似友善親切和性感迷人這兩種態度間進行轉換。對他們而言，這不是光譜，而是兩種獨立技巧。至於擠滿陌生人的房間呢？絕對沒問題，只要他們不試著和任何人約會就好。

光譜的另一端，是**自信調情者**（assertive flirt）。這種人有一套玩法。主動接近、談天甚至跟人調情，對他們來說都不是問題。刻意調情對他們來說也不是難事：他們知道自己想要**什麼**，以及要如何達成目的。然而，他們不總是確切知道自己想要什麼；看著滿屋子的機會，他們會發現，自己不是去找最適配的對象，而是找那種能調情調出最大火花的那種人。如果他們無差別火力全開地調情，他們實際的目標就有可能錯失他們發出的信號。或者說，以他們這種大而化之的個性，也許他們會在無意中讓別人覺得很悶，因為沒有給別人說話的機會，或是沒意識到這種「個人秀」已經用老了。如果他們總是只說不聽，那要怎麼讓其他人入甕呢？對他們來說，滿屋子的陌生人，就是滿屋子的樂趣。但假使他們樂夠了，想要尋求更多東西呢？

人們似乎抱持著一個看法，即只有需要調情上的幫助的人，才是非調情者。我也確實幫助過許多帶著「我就是不知道該怎麼做」的態度來找我的人。大多數來找我的都是害羞調情者。如果這聽起來跟你很像，請放心，我幫助過許多害羞調情者，讓他們從壁花轉變為交際花。但個性外向的調情者時常也會有他們的問題。他們會調情，但從未與人產生連結。他們挑選對象的能力不佳，且總是無法從邂逅中找到真正想要的人。

同樣地，友好調情者也有些問題要討論。我們前面已經提過，你可能比自己所想的做了更多「友好調情」了。這是好事：調情學就是這麼回事。不過有很多人會需要有人幫他們從「友好調情」轉型為刻意調情。如果你在乎結果，而非只要愉快的閒聊，就需要理解一些要點來採取額外步驟。這也是我要幫助你的地方。看完這本書，無論你的出發點為何，都能擁有獲得成果的工具。

——測驗：你是哪種調情者？

你在派對上看到吸引你的人。你會：

一、去拿一杯飲料，接著回到朋友身旁？

二、上前自我介紹並熱情的握手？

三、偷偷看他幾次，希望他們會過來找你？

四、先眼神交流，再帶著迷人的微笑假裝自然的走過去？

可愛的咖啡廳店員把拿鐵拿給你時，問候了你幾句。你會：

一、假裝沒聽到，拿了咖啡走人？

二、回以微笑並說，「非常謝謝你！」

三、頭低低，回以尷尬的笑並匆匆離去？

四、帶著依依不捨的表情說，「我也祝你開心……」嗎？

走入一間人很多的酒吧時。你會：

一、走進去，想說，這是酒吧嗎？

二、走向朋友時，一邊掃視一下四周？

三、直接朝朋友方向走，全程低著頭直到進入安全區域？

四、走起來像是全場焦點，同時掃視全場看看有沒有人在看你？

早上通勤時，看到同車有某個可愛的同事。你會：

一、繼續看你的報紙。你太忙了沒注意到他嗎？

二、把報紙遞給他說，「我看完了，你要看嗎？」

三、你覺得他沒在看你，就靠報紙掩護偷看他一兩眼？

四、先眼神交會幾次。等你確定對方也注視你後，投以迷人的微笑？

如果你幾乎都是第一種，那你就是非調情者。調情似乎不是你人生的要素。你可能錯失了某些絕佳連結與有趣的事情。

如果你幾乎都是第二種，那你就是友好調情者。你有個好的起始點。當個好人是很好，但你想永遠跟人當朋友就好嗎？你需要在邂逅中增加一些調情點。

如果你幾乎都是第三種，那你就是害羞調情者。因為害怕，無論在交朋友或是想跟對方約會上，你都錯失了數不盡的機會。調情學將會讓你知道如何克服恐懼。

如果你幾乎都是第四種，那你就是自信調情者。你並不害羞，也不太會錯失機會。這樣好極了。你總是火力全開，且通常會得償所願，至少短期內是如此。我們就確保你不會錯失可能會找到另一半的機會吧。

目標

無論你是哪種調情者，如果你想運用調情學來強化你的感情生活，第一件事就是設定你的目標。調情除了作為社交潤滑以及強化日常生活品質外，你可能會設想，你要運用調情學來認識新朋友、有更多約會的機會，有更多上床的機會或是能找到那個人。

只有你自己知道自己的目標為何。然而，我會鼓勵你牢記三件事：

一、目標可以，也應該不斷調整。思考當下對你來說怎麼樣是對的，而非一些或許有天會實現但曖昧不明的長期願望。許多來找我的人都說他們正在尋找長期關係。（這並不令人訝異。從很久以前，這個社會就為我們定下了這樣的條件：「配對起來！生兒育女！」我們都曾聽過這樣的話：「探索！多認識人！更了解自己一些！」不是嗎？）一旦人們用正確的方式審視自己的生活，很多時候就會得出一個結論，即在特定的時刻，他們確切需要的，是截然不同的東西。你也是這樣嗎？只有你自己能辨明。但務必對自己誠實。

二、別把別人的目標當成你的。就算你的交友圈每個人都在想著房子、車子、抵押貸款和結婚，不代表你也要這樣做。

三、目標只是一個讓你全神貫注的標記。一旦你設定好目標，就放寬心。我們通常不會過度控管最終目標，因為抵達目標還牽涉到我們之外的許多人。舉例來說，你的目標是獲得加薪。你有辦法獨自達成嗎？不行。這端看你的老闆，甚至還要看他的老闆。當你因為除了自己以外，有更多人涉及這個過程而未能達成目標時，因為這樣嚴厲責備自己，是非常愚蠢的事情。想加入一段關係但未能如願，若因此而沮喪也是一樣。

要達成這個目標，不是你一個人就能辦到的。專注在你能控制的地方：每一個小步驟。雖然看起來只是一小步，每一步都會讓你更接近渴望的結果。

但事實上，許多人來找我，是因為他們在尋求一段關係，那我們就假設，這可能是你的目標之一。這可能也是你閱讀此書的原因。你單身，但你並不想。你要怎麼改變這件事呢？讓我們從經過適當研究後的調情學視角來檢視此事。

──建構你的目標

首先，設定目標。大家來找我指導時，我會先要他們填一份簡單的表格。其中問題並不複雜，重要的是答案要明確。原因在於人們通常對自己確切試圖達成的事情相當模糊不確定。寫下目標會迫使你正視自己尋求的事情。我會問他們下列問題：

一、你主要尋求協助的事情是什麼？你在尋求長期關係嗎？想更有自信？想更擅長調情？想增廣交友圈？

二、你認為是什麼事情阻礙了你？

三、請寫下三個特定目標。或許是能自在的參加派對；交新朋友；一個月成功約會幾次。

第二，對你的目標提出質問。你為什麼認為自己現在想要做到這些？這跟你接下來想過的人生相符嗎？你第一題跟第三題的答案一致嗎？如果你尋求的是交更多朋友，此時此刻你能做些什麼幫助你達成這個目標嗎？這是你一開始應該關注的事情嗎？這是你寫下來的事情嗎？

第三，將你的目標去蕪存菁。再次檢視問題清單。有沒有什麼地方調整後可以讓它們更有效率也更好達成呢？

阻礙

你已經設定好目標了。你已經訂立了像是你要找個伴這種目標。但你仍然單身。問題出在哪裡呢？除了目標牽涉到需要與他人合作外，其實還有其他問題：你的阻礙。你看到前方有個問題，但你似乎無法解決它。生活中，我們可以在頃刻間解決大部分的事情，肚子餓了，就用外送軟體；覺得無聊，就拿起手機玩玩。可是到了要找尋幸福關係的伴侶時，我們似乎就無法「解決」了。因此，我們用上了大腦並自問為什麼，為什麼會發生這種事？

演講時，我通常會問聽眾，他們認為自己愛情生活的問題何在？這樣重複問了許多年後，我能肯定地告訴你，這個問題的答案，總是落在兩個壁壘分明的類別：

一、除了我以外的人：那些人有什麼地方做錯了。我稱這個為**外部藉口**。其中包含了一大堆原因：我住在城市，裡頭的人很不友善；我住在鄉村，這裡沒人可認識。我認識的那些人都只想跟我當朋友；我遇見的那些人都只想要一夜情。外部藉口是你生活中的情境，你覺得這只是人生中的一個事實，且超出你的控制。

二、我：我有什麼地方做錯了。我稱這個為**內部藉口**。是我生活的地點；是我的生活方式；是我那個歪鼻子；是因為我在只有姊姊跟妹妹的環境長大，不知道怎麼跟男生講話。內部藉口是讓你覺得自己不可能找到對的人那種個人以及你特有的狀況。

如果我們就這樣閉門造車，會想出一大堆為何事情總是行不通的理由。接著會覺得放心，因為我們明白「問題」在哪了。且由於問題從來都跟我們的錯誤舉動無關，就代表了我們不需改變行為：這不盡然是我們的錯。隨後我們也不會改變什麼，從而困陷在持續犯下同樣錯誤的劫數中，同時把這種不斷的狀況，歸咎於其他地方。

那麼，我們來檢視一下這些藉口，並理性的處理它們吧。

外部藉口

首先，來看看外部藉口。事實上，這種藉口有時候確實是有根據的。有些狀況會很難認識人。有可能是你住在偏僻的小地方，很難看到新面孔。或是你上夜班，社交時間嚴重受限。但幾乎沒有環境會讓你完全無法找到好的調情對象。更常見的狀況是，外部藉口其實是個你用來催眠自己的故事。你無條件地把這些事當成事實接受，並讓它妨礙你達成目標。

外部藉口往往不過是個不斷循環的迷思。我碰巧住在倫敦，這裡似乎是個以眾人冷若冰霜聞名的地方。不過在刮去表面的名聲後，這層面紗很快就崩解了。是的，這座城市或許繁忙且步調極快，這些熙熙攘攘，專心致意在其忙碌生活的通勤者或許構成了這裡的樣貌。但有可能**每個單身**的倫敦人都不友善嗎？也不盡然。同樣的，你可能會不斷聽說，這裡沒有像樣的男人，或是所有女人都只對擁有拉風工作的男性有興趣。我再次提問，真的有可能是這樣嗎？（如果真是如此，或許你應該思考一下自己所處的生活圈是什麼類型。）

與其接受這類便宜行事的標籤，我鼓勵你對此提出質問。不只是質疑你聽到的周遭人士說法，還要清楚客觀地檢視自身的觀察與看法。這就是源自於社會人類學的方法確實能夠幫上忙的地方。

一、首先，想想看你的**關鍵訊息提供者**（關鍵訊息提供者，是在一個文化中，其社會地位賦予他們專業知識的人）。當你聽到自己重複著籠統的負面「事實」，像是「人們並不友善」或是「這裡沒有像樣的男人」時，問問自己以下問題。我的資訊來源是誰？這是某種文化傳聞，一些人們不經思索便重複傳播的東西嗎？這是一種媒體修辭或陳腔濫調，像是「一旦你過了三十歲，認識男人比被雷打到還難」嗎？當你胸有成竹的說，外頭沒有男人有興趣進入一段認真的關係，這種想法有沒有可能是來自，那些可能狀況跟你截然不同，或是有自己的包袱，卻將其投射在你身上的朋友？還是說，那是來自於你看過的雜誌，或是電影？換句話說，你的關鍵訊息提供者可靠嗎？

二、或許你會說，才不是，你說的話是反映了你自己在這個真實世界的個人生活經驗。你知道倫敦人不友善，是因為每天早上都要搭地鐵：你見過那麼多脾氣暴躁、令人惱怒的臉孔嗎？你知道這裡沒有像樣的男人，是因為有太多上酒吧與肉舖的經驗了。

三、這就是**樣本數量**的關鍵原則開始起作用的時候了。這是社會人類學的關鍵概念，它問說，你的觀察是根據什麼？你的證據為何？這樣的負面經驗發生過多少次，以及是在什麼狀況下發生的？除了你推斷出的結論，還有其他可能的解釋嗎？

四、如果你真誠的檢視此事，你會讓在酒吧經歷過的幾次低俗經驗，不只影響了你對夜生活的態度，還讓你對整個性別的看法都蒙上一層陰影嗎？你把人們在通勤過程那充滿壓力的狀態下展現的行為舉止，視為他們確切個性的指引嗎？然後把整個城市貼上標籤嗎？

五、負面經驗對我們來說往往會特別顯眼，以一種扭曲我們感知的方式，活在我們的記憶中。負面經驗的力量，又稱為**負面偏見**，從演化的觀點來說，事實上它是為了幫助我們。由於負面事件有可能傷害我們，而正面事件僅僅是強化我們的幸福安適，對負面事件做出不恰當的回應的風險，比在正面事件做出不恰當的回應更高。這種內在特質可能在我們的祖先辨識植物有無毒性時非常有幫助，不過用在現代日常生活的體驗，負面偏見其妨礙通常大過幫助。它會藉由給予負面經驗過度的重要性，來讓我們陷入困境。

六、如果你是從少數幾次邂逅推斷負面教訓，那麼問問自己，你是否真的在一段時間內，在多種情況下測試過你的推測。結果總是能證實你的看法嗎？如果不是這樣，那就不要把這些事情當成「事實」。我們很常做出沒有證據佐證的結論。

年齡問題

我很常聽到一個特別的外部藉口，常到需要仔細檢驗。我時常聽到：「女人一旦過了三十歲，就不要想什麼約會了。你在外頭是沒辦法認識人的。」

我在日本慶祝二十六歲生日，一名日本男老師祝我生日快樂後解釋說，我現在是「クリスマスケーキ」（聖誕蛋糕）。注意到我的困惑後，他解釋了這個理論：日本對女性理想適婚年齡的態度，可與聖誕蛋糕熱門程度的階段相比較。現在我已經過了神奇的二十五歲，不再新鮮美味了，我的價值已經開始走下坡，我能期待最好的結果，就是自己能以半價售出。很好。

不過這個觀念顯然已經有了進展。最近我在《經濟學人》（*The Economist*）讀到一篇文章，提及現在未婚女性是「跨年蕎麥麵」。此理論認為，許多日本人會在十二月三十或三十一日吃蕎麥麵。女性婚姻價值的最高點是在三十或三十一歲，然而，正如這是「過年的麵條」，一旦女性到了三十二歲，其價值就會暴跌。

因此，看起來我在當地生活的十八年中，在日本女性被視為過期食物之前，獲得了六年很棒的單身生活。這就是進展。

我們可能會嘲笑此事，但假使妳是位三十多歲的女性，這種笑聲可能會令妳略感焦慮。在西方世界，這些事情有時候似乎也沒有比較好。

在這裡的理論是：一旦女性過了三十歲，就很難認識任何同年齡的人，因為所有這個年紀的男性要不是已經有了對象，就是只對年輕女性有興趣。不然就是根本沒有這種人（顯然，在人口統計學上，三十五至五十歲男性是個都市神話）！諷刺的是，此刻正在閱讀此書的該年齡層的男性，會默默吶喊著，「我在這裡，在這裡啊！」

因此，究竟事實為何？好的，首先我要說的是，假使你把參考框架縮小至**線上**約會的世界，你可能會發現一些事情。

一些相當令人反感的線上約會數據：在虛擬世界中，女性令人嚮往的巔峰年齡為二十一歲。到了二十六歲，她的線上追求者仍然高於男性。不過到了四十八歲，局勢就反轉了。男性的追求者會是女性的兩倍。

不過莫大的喜悅就是，在現實世界，人們不會用跟在網路上相同的方式來過濾交友條件。在現實世界，我們不會因為他們在表格上的哪個格子打了勾，而將他們排除在視野之外。男人的網路化身，在表格上寫了他希望認識二十一至三十歲的人，現實生活中，可能會在舞池中被三十九歲的人施展的絕技給騙走。四十五歲的女性只會尋找跟她同年紀或年紀更大的男性？誰說她不會發現，自己能跟比她想像中還要年輕十歲的人產生迷人的對話？換句話說，誰說你就是得跟特定年紀的人約會呢？

事實上，正如許多男性讀者所知，不只有女性會對於為何自己單身有股壓力。一名最近來找我的男性客戶說，他對於自己單身感到內疚與羞愧。對來他說，這是需要「修正」的問題。四十五歲的他，對於周遭的人說些像是「哎呀，是該處理這件事的時候了吧」以及「為什麼你還是單身？你到底有什麼問題？」時，他一直會覺得有壓力。我就問你，如果你在內疚與羞愧的陰霾下行事，怎麼可能輕易找到那個對的人呢？

最近我有一名私人客戶，五十幾歲的女性。她堅定地認為，在她這個年齡層，不存在像樣的單身男性。她跟我說，她什麼辦法都試過了，但她遇到所有同年齡男性，大部分都是「討人厭的怪人」。我問她，是不是覺得尋找伴侶的過程非常艱辛，她說，「沒錯，非常。」如果要替她下個新聞大標，會是令人熟悉的：「號外！號外！約會是件苦差事：世上沒有超過五十歲的好男人！」

一如往常，跟她聊了一陣子後，結果這個故事比她靈光一閃的大標多了一些細節。事實上，她一直跟一名三十多歲的男子愉快的約會，卻不斷遭到其成年子女冷嘲熱諷，於是她不再跟他見面。

接下來，她告訴我她得謹慎篩選約會對象，她有個關係緊密的社交圈，不想因此打亂這層關係。

隨後她承認，曾經有幾個四十幾歲的男性對她表示過興趣，但她認為這些人不可能對她有興趣。

所以，進一步審視後，究竟是什麼事情限縮了她約會的可能性？是外頭完全沒有男人了嗎？顯然不是。還是她在心裡替自己設下了一連串的阻礙？他人的壓力與她的自我懷疑結合而成的壓力？看起來是她把自己的選擇限縮了。正如同我跟她解釋的，她用許多道牆把自己關了起來，沒有留點空間給她的那個人。

還有另一個例子，也是以同樣的藉口來尋求我協助的五十多歲女性私人客戶。上了幾次私人教練課後，結果她心中的想法是，確實對她感興趣的人之中，沒有可以成為與她對等的伴侶。這也是為何在印象中，她的年齡層中沒有任何「像樣的」男性的原因所在。她一直抱持著自己不夠好的想法，因此一直在追求那些跟她並不匹配的對象。我們確認過這些心理模型後，最終發現她的生命中早就存在一些好男人了，他們曾經對她表示過興趣，但她並未敞開心胸。現在她正開心地與她的飛輪教練約會，也就是眾多一直對她感興趣的人之一。

這裡學到了什麼？如果妳是一名陷入了似乎有些棘手的年齡兩難的女性，請改變妳注意的重點。首先，**遠離網路**。第二，**檢視自身行為**。第三，**擴展妳的眼界**。妳不必然要找一個符合妳所設定的狹隘條件——年齡、事業階段、社會地位——的男人。不論年紀，外頭所有的人都不會把妳當成雜貨店裡的商品來打量。如果妳曾把自己比作不新鮮的蛋糕，或是一碗麵，請別這樣做，妳是個活生生的人。

內部藉口

但內部藉口是什麼，是那些你相信與你的壞運氣以及你自身獨特的環境造就的一切事物嗎？這些事情會令你感到更難以克服。畢竟，這關乎個人，是你內心裡的東西。

我一直反覆看到這類事情。舉例來說，如果人們覺得跟女性說話很困難，他們會掃視大腦，試圖思考原因為何。他們思索自身一切人生經歷、過去的歷史，隨後提出一個對他們來說似乎是充滿邏輯的解釋：「啊哈，我發現自己跟女性說話有困難的原因，是我念了男校，所以性格塑造時期沒有學到如何與女性互動。」他們幾乎沒有意識到，除了詹姆斯・龐德外，大多男性都會發現他們很難直接走到一個冷冷的女性旁邊，然後開始與她交談。附帶一提，我經手過所有的男性客戶都有種印象，即其他男性對於直接走上前跟女性交談這件事，都不會有什麼問題。

那麼，要怎麼處理你自己抱持著的這些，看似無法抹滅的見解呢？

一、首先要記住的是，**你唯一真正了解的人生經驗，就是你自己的經驗**。你不知道一件事對其他人來說是簡單或困難，你完全不知道從別人的角度來看，這些事情的感受如何。（噓！假使你到目前為止還沒搞懂，跟你說，其實大家的臉書發文並不全然能最準確地代表他們的生活。）只要理解這點，就有無窮威力，所以試著不要糾結於比較，這是很容易掉入的陷阱。

二、同樣的過程適用於內部藉口以至於外部藉口：這要考量到你是從何處獲得此見解的。此刻，你需要再次思考你的**關鍵訊息提供者**。你會對誰訴說問題？我發現，人們時時對自己保持的那種扭曲的看法，全都是根據朋友、兄弟姊妹或父母對他們說的話。（特別是從母親那得來的扭曲說法，往往會令你大開眼界！）通常，這些關鍵訊息提供者不盡然會造成傷害，不過他們會在不經意的狀況下，協助傳播毫無幫助的迷思。他們時常帶著自己的精神包袱，也對你造成負擔。有次一名女性客戶來找我，已先論斷自己太過獨立，即使她很想要一個伴，但認為這輩子再也無法找到合適的人。這讓她懷疑，自己是否有辦法維持一段關係。討論說明後，結果這項「事實」是源自於小時候母親轉述的一個故事，她甚至不記得曾發生過這件事。這是經過她母親過濾後的二手消息，而此事在三十年後，嚴重影響了她的人生與幸福！

曾有名四十多歲的女性美國客戶，是位總是穿著華美，外表美妙，深具吸引力的人。不過跟她聊了為何認為自己在認識人上有問題時，她提出了這個「事實」，即現在她變老了，這件事情變得更困難了，因為她沒有過去那麼有吸引力了。「等等，」我說，「妳真的相信這種事嗎？」她頓了一下，看起來像是第一次真正思考這件事；她的表情整個不一樣了。「不，事實上，我不這麼認為。我覺得我看起來比年輕的時候更棒。」「這樣的話，為何妳會抱持這樣的想法？」我問她。突然間，她明白了她認為自己看起來的樣子，跟外表完全無關。那是由於她時常跟兩個特定女性友人處在一起，主要談論的話題總是她們全都越來越老且沒那麼有吸引力了。這些友人沒有要讓她覺得自己沒那麼好，也不是要特別提醒她，她正進入可怕的衰老期。但她下意識地接受了這個完全錯誤的「真相」，並且渲染了她的想法。要是她恰巧跟一些對自己滿足的人相處，她對自己的態度就會截然不同。

三、並非所有負面感知都是來自於他人。最強大的感知往往來自內心：「**我沒法跟吸引我的人說話**」、「**我迷戀的人不會覺得我好到足以跟他匹配**」、「**對那個人而言，我不夠有吸引力**」。以上範例都是此書中一些非常具有威力的觀念：**心智模型**。這是解鎖內部藉口的第三個關鍵。這是什麼意思呢？值得細細研究。

心智模型

那麼，心智模型是什麼？它們是你看待情況的鏡頭。我第一次接觸心智模型的觀念，是從演說者、作家以及前商學院教授斯瑞庫瑪・勞歐（Srikumar Rao）得知。這個觀念在我的教學中扮演了非常重要的角色，我也不吝對他表示感激之情。此觀念是這樣的：身為個體，我們對於各式各樣的事情都擁有心智模型——諸如對兄弟姊妹、我們自身的感受，甚至是我們看待世界的方式（這是個良善之地或是駭人之地）。所有資訊都會透過我們的意識浮現，我們拾取並挑選各個匹配我們模型的少量素材，捨棄其餘九八％的東西。此「證據」會強化我們的模型，並以它加固我們的現實。

這些模型沒有好或壞的問題；我們的鏡頭也沒有比其他人更真確或不真實。擁有心智模型這點並非問題，而是自然的本質。當我們沒有意識到自己其實是透過模型來看待某個狀況，也就是說，這只是調情世界眾多方法之一，反而相信我們看待事情的方式就是事實，這麼一來，問題就會浮現。

接下來我們來看看你的心智模型，是如何成為衍生出你所有成果的基礎：

- 你腦中抱持著特定想法。
- 這些思考模型影響著你的行為。
- 你的行為影響確實發生的事情，即成果。

心智模型除了直接關係到你的成果，也有能力成為自我實現預言（Self-fulfilling prophecy）。

這裡舉一個十分常見的例子：「**我沒辦法跟對我有吸引力的人說話。**」

你可能還並未有意識的領悟到某種「心智模型」，不過你目前對於在酒吧跟一名你認為對你有吸引力的女性說話的想法，所抱持的態度可能是如此：「**一般來說，我不在意跟陌生人說話，但假使我靠近那位女性跟她說話，我會說出一些愚蠢的話，或是會在怎麼說才是對的上糾結。她會知**

道我對她有意思，也會覺得我這個人毛毛的。最後會變得很尷尬，我的感覺也會很糟。」

儘管如此，你還是試著表現的勇敢且主動，於是你振作起來朝她走去。越走近她你就越忐忑，腦中也不斷叨唸著：「**肯定會搞砸，她完全沒道理會想跟我說話。等下一定會超尷尬！**」確實，當你站在她身旁，玩票性的試著讓她注意到你，你的肢體語言會表現出你隨時都想逃跑。等到她轉過來跟你說話，你會發現，除了一些老梗，自己什麼也想不到，所以你坑坑巴巴地說了些感覺很尬的東西。由於你的態度沒那麼熱情，一開始她甚至不太確定你是在跟她說話。她不會趕你走，但也不會表現的太熱情，或是轉過身來好好的跟你交流。你排練許久的談話內容，就這樣胎死腹中。沒過多久，你尷尬的低聲說了類似很高興認識妳的話，接著就敗逃了。隨後你氣餒地離開酒吧，原本預期的感受更加強化了：你對這件事真的很不在行，而且根本沒辦法跟你有意思的人談話。你再三對自己保證，下次再也不會匆匆忙忙的上場了！事實上，你的行為跟其他為了達成這些結果的努力一樣，都不是經過深思熟慮後的舉動。你透過肢體語言與聲調傳達給她的每個訊息，都是在告訴她別跟你交談，而以上狀況，甚至並未被你納入事後總結中。事情不該是如此的，心智模型與消極偏見就是這樣把你困住的。

有一段時間，你必須意識到，不是每個人都對於跟吸引你的人說話，擁有同樣的恐懼。有些人甚至很享受這件事，我有聽過這種事！因此，他們的作法跟你有什麼不同之處呢？就在於不同的心智模型。他們的心智模型可能會是：「**認識新朋友是很有趣的事情。**」因此，看到同一位女性時，他們可能會想說，「**她看起來很吸引人，我想知道她是不是也同樣有趣。只有一個方法可以確認此事：我要上前去跟她交談。**」這意味著他們的行為與你不同。與其躊躇太久，使得內心生出疑惑，他們會立刻採取行動。

他們對待吸引他們的陌生人的態度，就跟對待其他人一樣，以友善的態度上前，以不強迫也不低俗的話語提出問題。他們會表現的很自然，畢竟不是要展現什麼自我價值。他們只是想確認看看，這名女性是否跟她的外表一樣有趣。也許這名女性會有正面回應，也可能不會。但他們應該會好好的聊個一兩分鐘。這次邂逅結束後，他們基本的看法，也就是認識新朋友十分有趣，會因此得到強化。

那麼，假使你改變心智模型，會發生什麼事呢？你得選擇一個對你來說合理的作法，或許會像是：「**了解他人會是件好事。**」或是「**大多數人就跟我一樣，都樂於跟人談天。**」這樣會產生連鎖效應。你不用先想像她的反應，或是擔心對方的回應會打擊你的自尊。如果你用「了解他人是件好事」的心智模型來接觸她，那麼這場邂逅就比較是以純然的好奇出發：「**我想知道她是什麼樣的人？**」用這種精神接觸她，會讓你更自然些，你也不會有壓力。你的目標不就是這樣嗎？

你的開場白可能就不會太過低俗無聊，而是試圖找出你們是否有任何共通點。這麼做會產生截然不同的行為：你的對話會很自然、肢體語言開放、接觸的過程不會太過硬要。她可能會，也可能不會想要繼續深聊，但你最初的標的僅僅是想知道她這個人有不有趣。如果不有趣，那也不是在反映你的表現。

這種方式的魔力在於，改變你的心智模型，就會改變你的行為，從而改變整個結果。

- 這始於內心的一個想法：「人生無比美好！」
- 這個想法影響了我的行為：我面帶微笑。
- 最終，這影響了結果：對方回以微笑。
- 我的心智模型就此確立：人生無比美好！

可能性並非問題

思考一下統御你調情行為的心理模式。問問自己，它們是否有幫助。如果它們造成你的不適，那可能就沒什麼幫助。

心智模型通常會涉及你對自己的消極態度，但並不總是如此。有時候心智模型像是某種你刻意說給自己聽的祈禱文；感覺比較像是一種力量而非弱點。舉例來說，「**我的標準很高；我不會屈就於不是完美匹配我的人。**」你也不該如此。

不過要想一想，這樣的陳述會對你的行為造成什麼影響：你是不是隨身帶著一張心智檢查表，評估每位你遇到的可能對象？這樣做會讓你放開心胸、充滿好奇，準備好跟所有人聊聊，看看你們之間有什麼共通之處嗎？還是你發現這樣會讓你裹足不前，甚至無法跟任何人進行最基礎的接觸，因為他們並未符合你想像中的標準？

檢視心智模型，是挑戰那些你隨身攜帶，深植你心中那些內部藉口的關鍵。**「由於我的生活方式／教養方式／工作／家庭環境，讓我找不到合適的對象」**：這些都是毫無幫助的心智模型，得由你來檢視它們，並將它們改變成能夠增添你人生價值的模型。

「我對工作要求太高了，沒有時間認識人」或許能改成**「我在工作上確實達成了許多不錯的成就，現在我想找些方法也把這種成功帶進社交生活。」**

「我太害羞了，不敢認識新朋友」或許能改成**「我想知道去哪裡可以找到一些，我能夠自在地分享喜好的人。」**

因此，下次你聽到自己想說**「我沒辦法認識人，因為……」**自我檢查一下。與其被同樣令人心累的內部與外部藉口鎖住，不如把自己從這些想法中釋放出來。這裡有一個簡單的解藥：問問自己這些問題來代替——為何會發生這些問題，有沒有別種可能性？接下來則是——我要怎麼做才能讓這些想法為我所用，而非跟我對立？

陷阱

一旦你用這種方式挑戰自己的藉口，瞬時你的眼界就會截然不同。但你仍然發現自己有可能無法達成目標，原因何在？

我們可能會落入各式各樣的陷阱之中，這會大舉影響我們取得良好調情結果的機會。下面是幾種你可能意識到自己會有的狀況：

一、**過度忙碌症候群**（Over-busy syndrome）。我最常聽到客戶說的，就是雖然他們一天到晚都在外頭，卻從未認識任何人。他們跟我保證，自己已盡了一切努力，不過當我深入鑽研他們的生活狀況時，發現他們從早工作到晚，去同一間健身房，吃同一家三明治，從未跟別人說話。不過他們告訴我，自己確實有騰出時間積極投入社交生活。於是，我再問了他們一些這樣做意味著什麼的問題。結果發現，他們每星期都會跟不同的朋友上餐廳吃飯。這是非常美好愉快的事情，不過坐在餐廳角落跟朋友敘舊，並非替自己安排遇上重要調情機會最好的方式。

二、**錯失機會症候群**（Missed-opportunity syndrome）。有個十分常見的習慣，就是把調情與約會劃分成你人生中相當微小的部分，看成特定的夜晚，在龍舌蘭的催化下，一個月才做一次的事情。你只有在日記中某些特定日期，才會在特定地點、穿著特定服裝，放寬心去認識人和調情。為什麼會是這樣？調情學的運作方式，是要在你人生各個領域，織就調情的火光與喜樂，因此，伴隨而來的是無處不敲門的機會。像是在超市、在健身房、在你通勤的時候……若說唯一合適的調情地點，是你穿上最美的衣服在晚上出遊時，請改變這樣的心智模型。隨時隨地，皆能調情。

三、**浪漫喜劇症候群**（Rom-com syndrome）。這我得抱怨一下梅格・萊恩（Meg Ryan），有太多人腦中都掛著完美的「相見恨晚」情節，相信他們與未來伴侶邂逅的這一刻，會響起電影的浪漫配樂。這將是他們可以說給子孫的愉快故事，從某方面來看，這具有深長的意義。不過這往往不是真的，比較有可能的是，你跟你未來愛人第一次的交談，其實是無比平淡且聽過就忘的。不過，也不是說第一次交談就不重要啦……。

四、**完美先生／女士症候群**（The Mr/Ms/ Perfect syndrome）。

「市面上根本就沒有對象可找……」通常這句話可以翻譯成「市面上沒人符合你不斷替自己限縮的擇友條件」。嗯，對啦，如果你尋找的是位愛好玩樂、無憂無慮，且比你大個五歲的超級成功人士；高䠷、一頭深色頭髮、英俊、沒有家累、活的有新意，還有幽默感，那麼，要找到這種人確實相當困難。換句話說，假使把目標放寬，納入那些你平常樂於花時間跟他們混在一起的人。如此一來，你可能會發現，那個人就這樣突然從你的視野內蹦了出來。

五、**專案經理症候群**（The project-management syndrome）。

這是我們藉由制定計畫，並在每個額外的清醒時刻投入，好試圖修正「單身」問題的另一種方式。我有一名客戶，在這個城市擁有位高權重的職位。她憑藉著胸懷大志、擅長制定並實行策略而升至高位。她的職業生活，已經收到了回報，這時她試圖採行相同策略，來解決單身問題，但這樣做並未奏效。她第一次來找我時，給我看了她的「找到伴侶」策略。當然，是白紙黑字寫下來的，我很確定還加了圖表。我說，「嘿，妳的感覺如何？」她看著我，「老實說，我覺得精疲力盡。」為愛尋找伴侶，不能用工作的那套方法來落實。

有個點，可以將上述所有陷阱結合在一起：它們全都與你自己的態度有關。也就是說，以上種種，都跟你相信自己正抱持著的正確信念有密切關係，是個阻礙你與人邂逅的天生才能的心智模型。這些障礙都有共同之處在於，它們都存在於你的腦中。

不過這是個好消息。因為假使他們都存在於你的腦中，你擁有擺脫它們的力量，這些陷阱都在你的掌控之中。丟棄它們、改變它們，誰知道接下來會發生什麼事呢？

怎麼樣才會有吸引力

或許最普遍的陷阱，就是對於不知道自己為何不夠有吸引力的恐懼。我們無法上前跟那個人交談的原因在於，就體型上來說，我們不認為自己有達到標準。要是自己再高䠷、再瘦些，長得再好看些……。

多年來，我都會玩「吸引力遊戲」。我穿上洋裝、化妝，總是把指甲修剪整齊、頭髮留長，通常是金髮。我如同成癮者般限制自己攝入的熱量並瘋狂運動。我出色地扮演好自己的角色，也獲得了豐厚的回報，一切就此改變。

我在寫這段的時候正是夏天，所以當然啦，我經常打破規則，大買冰淇淋吃，以前，我通常會買霜凍優格。在我居住的城市閑晃，最簡單愉快的方式是騎腳踏車，但穿洋裝的話就會不太方便，所以那種衣服就留給特殊場合。我現在只化淡妝或不化妝，而且幾乎都用天然有機的化妝品；我不再浪費（就我看來）寶貴的時間與金錢，讓別人把有毒物品塗在我的指甲上。就我的飲食習慣來說，我已經不再限制自己，開始享受美食。我不敢相信自己已經將近十年沒吃披薩了！但同時我仍然享受運動的樂趣，跟過去希望擁有堅挺翹臀與結實腹肌，而進行的極端運動循環不同，現在我會做些讓我的身體與心靈都感到開心的運動：像是瑜珈、皮拉提斯和步行，追尋纖瘦的體態不再是我掛心的事情。這種嶄新的態度，跟過去二十年來糾纏著我的人生的態度相比，有著劇烈的改變。會出現這樣的心態，並不是因為我現在找到伴侶了，而是來自於對自身周遭的觀察並質疑。我拒絕再玩這種遊戲了，那，我還有吸引力嗎？

有吸引力究竟是什麼意思呢？從外表看來，社會提供了一個供我們遵循的特定模型：只要看起來是種特定樣貌，好運就會隨之而來。不過，對大多數人而言，這樣的模型有多容易達到呢？舉例來說，如果某些稱作基因的惱人東西妨礙著你呢？我們的身高，有八〇％的機率是出生時就決定了。大多數人都接受，對此他們能做的並不多。我們的體重，有多少機率是由基因決定的呢？根據科學家崔西・曼博士（Dr. Traci Mann）的研究，是七五％。我想到自己在健身房裡看到的那名女性：她看起來棒透了，但從未對自己的身體感到高興。「我得再多減幾公斤！」每次我見到她，她都這麼說。雖然在改變外型上，確實有一點點調整的餘地，但比我們所能接受的要少的多。我也明白為何有些人，就跟這名在健身房看到的女性一樣，不想接受這件事情，因為我們的身體，就是目前社會用來計算我們價值的貨幣。怪不得要怎麼樣才能有吸引力這個問題，對尋找另一半來說，是如此不可或缺。你的身體／長相／外表，就等於你的價值。

我很清楚，大家都想要有吸引力（我也把自己算進去了）。但我想說明的是，我們被告知如何才是吸引力的限制與約束，大多數的人被排除在外。這意味著我們大多數人都得不健康地思考著，我們永遠有所不足。同時，這對於美容美體產業來說，可能是很棒的事情，不過對於全世界數百億人來說，一定不是什麼好事。

最近在一場晚宴上認識一名年輕女性，幾乎可說是我見過最美麗的。她高䠷、纖細、金髮且擁有天生的紅潤臉頰。喝了幾杯酒後，她對我坦承，她總是感覺自己像隻醜小鴨。妳認真?!（我努力不要脫口而出）她解釋說，她的姊姊是家中長得最好看的（她是名模特兒）。顯然的，這名女性在外表上，總是排在第二位，也因此，她從未覺得「夠好了」。這時，我的腦海中形成了一個想法：如果就連這樣的人，這種贏得基因樂透的人，都還是沒辦法感覺到自己有吸引力，那麼這整個遊戲根本就是場鬧劇。就算我們拿著滿手好牌，都不可能獲勝。

這樣的話，我們該怎麼做才好？我想邀請你做我做過的事。替這個「吸引力遊戲」創造自己的規則。這意味著你得停止按照那些為我們制定的死板吸引力規則來過活，並找出適合個人的作法。或許說，如果退一步觀察，你會發現，你正在做的事情對你來說，是完完全全正確的。好耶！不過這才是重點，也就是，**對你來說**，怎麼做才是正確的。

同一時間，我們也得停止以這種方式評斷他人。像是「我在這裡看不到自己喜歡的人」；「她還可以再減幾公斤」；「我喜歡高䠷、黑皮膚且英俊的人」；「他不是我的菜」；「男生要比我高才行」；「她差不多七分，妳可以做得比她更好」（以上評論我都聽人說過）這類評論，只會促成一場我們最後都要當輸家的遊戲。這段話寫起來很難不讓人覺得傲慢或俗氣，是時候停止就外在包裝，以及只根據外表做出第一印象的評斷了。我們就是這樣被進一步鼓勵，以約會過濾器與根據印象的選擇所做的猛烈抨擊作為結果。在當前的社會狀況下，我們有許多數位互動，似乎都設計成一種方式，讓我們只藉由這些標準，專注在評斷他人上。但我想要這樣思考，即我可以提供比外在包裝更多的東西，那你呢？

有個特別駭人聽聞的趨勢，就是把人們的吸引力按照等級貼上標籤：

「她有九分」；「他是七分，但認為自己應該是八分……」我希望你做一個實驗：閉上眼，想想你在這個世界上最愛的三個人。當你在想他們時，腦中浮現什麼呢？你是否在思考他們完美對稱的特徵，或是如綢緞般滑溜的秀髮呢？可能不是。你是否認為他們有吸引力呢？可能是，因為你思考的是他們的整體形象，而非可評分特質的總和。就等級對其中任何一人評分合適嗎？他們是否不只是個分數等級呢？你是否不只是個分數等級呢？

就目前的風氣，我們傾向認為，有吸引力意味著看起來吸引人。但這不必然是事實。吸引力是一種不單純基於純然美學的力量：它關乎於一個人的能量、魅力、自信，以及對人生的熱情。

你剪了新髮型，而你真的很喜歡這個髮型，因此你在豔陽天時走在街上，臉上掛著大大的笑容，步伐帶著春天的信息，因為你對自己的髮型十分滿意。這時你正好對著街角等紅綠燈那可愛的陌生人投以笑容，陌生人也回以微笑。

「天氣真好，可不是嗎？」你說。

「確實是這樣。」他回道。

「我想我會替自己來杯咖啡，在陽光下好好享用它。」

「喔，我就住附近。你要去哪享用這杯咖啡呢？」

你們兩個人最後就一起喝了杯咖啡，並計劃好再次見面（附帶一提，這是真實故事）。這件事會發生，是因為你的髮型閃耀動人且充滿彈性嗎？無論這個髮型有多亮麗，這都不太可能是原因。不是的，這裡最有威力的事情，是它給予你的自信，你感到好極了。這也改變了你的行為，讓你更開放，並讓對方在這個過程中感受到吸引力。這就是有吸引力，跟外表有吸引力之間的差別。

且這是從內在發起的。我跟大家著手此事時，我看到的是，他們真正想要的，是能夠向別人展示他們是誰，他們真正的自己。這股慾望通常會以某些句子來表達，像是「我想知道，如何給人留下好的第一印象」或是

「我很害羞。我想在跟人交談上更加拿手。」對他人展現「真實的自己」感到開心，不只是自我發展不可或缺的部分，也是成為一個更有自信的人的方式。直到我們踏出吸引力遊戲這個侷限之外，才會是真正吸引他人的方式。別害怕向他人展現你自己！

聽起來不錯，對吧？可是，如果你現在並不這麼覺得，要怎麼樣才能達到這樣的狀況呢？你要做那些讓你感覺良好的事情。事實上，是只做那些讓你感覺良好的事情。如果你不喜歡，不要再強迫自己上那些累死人的飛輪課了，用跟朋友約好每個星期去踢足球來代替吧。不要跟那些消極的朋友混在一起喝咖啡，洗個泡泡浴。略過現在跟你完全沒有共通話題的老同學，一起去公園玩的必修課，下午就請自己看一場電影吧。我的格言非常簡單：只做讓你感覺良好的事情，跟讓你感覺良好的人聚在一起。這是感覺有吸引力一個不可或缺的部分，因為假使你感覺自己有吸引力，你就能吸引他人。

拜託，請為了要讓你對自己感覺良好，去做任何你需要的體態調整。好的髮型和適合你體型的衣服，是個好的開始。但別陷入何謂看起來有吸引力這種狹隘的預期。因為**有吸引力**，跟**外表有吸引力**是兩回事。一個是你對自己的感受（一種氛圍，讓他人能感受到，並讓他們想要圍繞在你身旁）；另一種是對這個事件單一象限的投射。不要再玩那種遊戲，開始向他人展現你自己。你已經夠好了。

WHO ARE YOU GOING TO FLIRT WITH TODAY?

第三章

你今天要跟誰調情？

所以，你今天要跟誰調情呢？我們這裡討論的是刻意調情，用調情來更進一步了解某人……正如你所知道的，我的真言是，你應該用調情學的方式著手每次互動。不過要認真調情，如果你試圖找到特別的他，那調情學能幫助你思考自己正在尋覓的對象。回想一下第二章的內容，它要你思考你的目標。這些目標是屬於你個人的，且每個人的目標都不同。但假使你買這本書，是由於你想要以嚴肅認真的態度踏入約會圈，那麼其中至關重要的一步，就是識別出你未來的另一半可能的樣貌。

我曾經跟一名男性討論過他與新女友相處上的挫折。從他告訴我的內容判斷，他們似乎不是很合拍。他在金融業工作；她是名藝術家，輾轉借住朋友家的沙發。他可靠且勤勉認真；她是個漂泊者，一個夢想家。他喜歡打開天窗說亮話；她偏好在作品中表達自己。他跟我說，他正決定要放棄這段關係。我試著別太過傲慢的說道，「獨自一人沒有比跟錯的人在一起好嗎？」

「也不是這樣說，」他說，「而是，在過去這段日子，我感覺自己沒有用盡全力嘗試，而是任由這段關係變調。因此，這次我想確保我有全心付出。」這讓我突然想到：他正把他的努力，放在了改善跟錯誤對象的關係上。

這麼一來，你要怎麼知道酒吧的那個人，或是第一次約會時坐在你對面的人，是不是適合你呢？若你跟某個我曾認識的女性很像，你會跳過他。顯然，這是一個很好的測試，看看他會不會喜歡大笑，以及不介意讓自己看起來很滑稽。有人告訴過我，說假使第一次約會時對方沒有分享他的食物，那她是不能接受的。那一瞬間，我心想，或許這些女性是知道些什麼的。誰不想要有個幽默大方的伴侶呢？如果能夠發明一種簡單的測試，可以從一開始就檢測出這些特質呢？「跳過！」我會這樣說。不過隨後我想到自己的丈夫，他會徹底拒絕做這種是否跳過的測試，而且他痛恨跟我分享食物（這點仍存在爭議，對於此事我並不開心）。但假使我真的對他做了以上任何一項「測試」，我就會錯過一個如此美好的伴侶。大笑有可能不是在回應某人每一道指令，分享食物與否也不盡然是衡量這個人整體來說是否慷慨大方的指標。雖然拒絕做這些事，可能是判定他是否為家中獨生子女的指標。

有位客戶曾告訴我，因為她堅定且自信，男人得要主動靠近她才行，否則，她相信，自己會把他踩得死死的。我理解為何這名女性會需要對方有同等自信，但對方沒有主動上前，不代表妳就可以把他踩得死死的。再次說明，她用來判斷自己認為是重要特質的標準，是全然無效的。我想有很多男性是非常有自信的，但他不必然會上前跟一位完完全全的陌生人調情。這些「測試」有一件事是對的：他們承認我們每個人都在尋求未來伴侶的特定特質。他們搞錯的地方在於，他們過度機關算盡，到頭來，並沒有真正測試出自己試圖發現的特質。

我不喜歡對整個性別以偏概全，但我擁有夠多的男性客戶，知道他們時常犯下相反的錯誤：他們沒有太過全面的準則。對許多男性而言，當他們所有的朋友都已安頓下來，他們有著也得這樣做的壓力時，他們往往會用兩個十分簡單的準則來尋找合適的另一半：

一、她很漂亮。
二、她人很好。

其實，就是這樣。對於這名女性，他們沒有什麼跳不跳過的。事實上，我大多數的男性客戶，當我問他們對於另一半的五項「破局點」時，他們多半非常茫然不知所措。「喔，是喔，我從沒想過這件事。」是我最常聽到的回應，而這並不是好的處理方式。

破局點

那麼，破局點究竟是什麼？破局點是一種特性，對你來說，能在潛在伴侶身上找到的重要關鍵。它能夠以個人特質、某種行為類型、一種基本信念，或甚至一種背景（他們必須想要在這個城市生活、必須想要主動做出改變，或是得要願意四處旅行）的形式呈現。這不是諸如有一頭紅色頭髮、有六塊肌，或是「人不錯」、「討人喜歡」這類模糊的形容詞集合，那種可有可無的願望清單。破局點是那種對你來說真正重要的特定特質：這些條件將會形成能否與你一路攜手向前的基石。

為什麼這些條件這麼重要？破局點將會在你跟某人未來的幸福上，扮演著主要角色。它們將會幫助你，不會為了那些看起來光鮮亮麗且風趣的人分心，專注在將與你建構美好長期關係的人身上。

破局點另一個重要之處在於，當你認識某個不錯，但對你來說不是個對的人時，它們讓事情能夠更輕易的繼續進行下去。它們讓你們雙方都能回歸約會圈，去尋找更匹配的人。我時常聽見女性說，她們認識了某個很不錯的人，可是她們不認為可以跟他交往。不過她們還是會繼續約會幾次，因為他人不錯，而且不想要覺得自己很壞。或是她們其實不想再跟他出去了，可是又會有罪惡感。畢竟，他是個好人；或許只是她們太挑了？破局點能夠緩解這股困惑。他／她或許是世界上最棒的人，但假使他們不符合你的破局點，那麼對你來說，他們就不是那個對的人。

──寫下你的破局點──第一部

首先，找張紙，從第一點列到第五點。

一、

二、

三、

四、

五、

寫下有人要你描述心中理想的未來伴侶時，腦中浮現的前五項特點。別思考太久，只要寫下你自己最在意的事情即可。可以是某種特質、價值、屬性，甚至是背景（工作、住在哪裡等等）。

如果你已經有一份清單了，不要看內容。事實上，最好把它燒掉。我向你保證，這樣做是利大於弊。

現在，先把這份清單放在一旁，繼續讀下個章節，等下我們會再回來這裡。

破局點清單是個十分實用的工具，不只是因為它能讓你把注意力持續放在那些跟你十分匹配的人身上，善用這份清單，還能傳授一些關於你自己的珍貴教訓。對你來說，什麼才是重要的？你珍視人生中的哪個部分？你能對什麼事情妥協？為了有效率，它必須完善周全、簡明扼要、具體明確，且真誠坦率。我曾經為一個告訴我說，他不認為自己有任何破局點的人提供建議；他只想認識漂亮且個性好的人。不過，回顧過去沒有好結果的關係後，他發現有幾件事，是一段幸福的關係必定要擁有的。他體悟到對方要有相同的金錢價值觀，而且要樂於花時間跟他親密的家人相處。就算只是思考這件事，也讓他學到了珍貴的教訓，讓他理解到，對他來說什麼是真正重要的事情，以及他在過去的關係中，可能做錯了什麼事。

另一名客戶剛跟他女友分手整個大崩潰，而且是在他再上一段關係結束後不久發生的，兩次分手都是他主動提出的。為何他會如此沮喪呢？他覺得自己投入了大量的情感、時間與精力，而且現在還是很在意她們，因此他對於這兩段關係為何會失敗感到無比茫然。

發現他並不知道自己的破局點為何時，我並不覺得意外。這兩名女性恰好年紀都比他小，且在這兩段關係中，他會跟對方約會，都是因為她們很好相處，且被對方吸引。如果他不是想要找個人定下來，其實不會有什麼問題。不過他已經四十二歲了，覺得自己已經邁入人生的不同階段。我們條列出專屬於他的破局點清單後，他領悟到這兩段感情中的女性，都缺少了一些他最需要的條件。就他的狀況而言，他想住在城市，且對知識充滿好奇。這兩位女性個性都很好，但並不符合這些條件。長期來看，她們不是合適的對象。如果他以前就知道自己這些破局點，就能阻止他進入並影響這些人的心了。

破局點——你尋求的是什麼呢？

破局點清單是極度個人且具體明確的，只有你知道自己可能想要的是什麼。不過以下是我會建議客戶考慮的幾個點。

善良。令人驚訝的地方在於，這點鮮少出現。人們幾乎從未把這點放入他們的清單，但假使我向他們建議納入，總是會得到好的回應。我認為對許多人來說，這實在太基本了，所以不值一提，但假使這正是你在探尋的，最好還是把它放進清單。

共同的興趣。我時常聽到這點——人們總說他們希望對方喜歡的事物跟他們相似。如果這點在你的清單裡，你可能會問自己為什麼。你是真心希望對方也喜歡嘻哈與七〇年代電影，還是跟一個有時候對快樂時光的想法跟你截然不同的人在一起比較開心呢？探索新的眼界可以跟共有相同的活動一樣重要，而且，在一段關係中，擁有屬於自己的領域，也可以是一件重要的事。

一個與我平等的人。再次強調，我也時常聽到這點，特別是從那些擔任高階職位的成功女性口中。如果妳是這樣的人，請誠實坦率一點：妳的意思是在工作、職位、收入各方面嗎？再次強調，思考一下原因為何。希望對方跟妳的智力水準相當沒什麼問題，但別與對方的薪資水準混為一談。有時候一段關係中，最好不要雙方都是無比忙碌的超高成就者比較好。

獨立。就你在一段關係中喜歡的行為舉止，來一場真誠的自我對話吧：你喜歡有很多「自己的時間」、喜歡從事許多與這段關係完全區隔開來的活動，還是喜歡讓這段關係跟你的生活緊密結合呢？無論哪一種都很好，但如果你想把兩種方式結合，那你的前方，將會是一段無比艱辛的道路。

地理位置。遠距離關係非常艱苦，對於自己能否經營好這樣的關係，你得要實際點。同樣的，如果你是個徹徹底底的都市人，無論你是否真的想要實現移居鄉村的夢想，都要更真誠的面對。

宗教。對某些人而言，宗教不怎麼重要。對另一些人來說，是他們生活的中心。如果宗教對你來說十分重要，問問你自己以下問題：你是否樂於跟一名樂見你信教，但不想參與的人在一起，或者是，他們是否參與其中，其實非常重要？

假使你根本沒有宗教信仰，你能預見到自己與某個虔誠的人快樂的共同生活嗎？對雙方而言，絕對不要假設你能夠改變對方某種根深蒂固且無比個人的想法。

對金錢的態度。這個題目有點尷尬，而且沒人想面對這件事，但假使你是個揮霍無度的人，跟某個精打細算的人在一起會很辛苦，反過來說也一樣。這裡沒有好壞之分，但你跟這個人的金錢價值觀是否一致，確實值得先行確認。

目標就是要遇到完全符合你破局點清單上那五個條件的人。如果你遇到一個只符合其中四個條件的人，而你覺得差一個條件也能跟他相處愉快的話，這也是你自己的決定。如果對方符合的條件少於四個，長期來說，他就不是那個對的人。

等一下，珍，我聽妳說過，妳也明確地跟我們強調過，我們不應該根據隨機的準則，把某些人從我們的調情行動中排除。妳也曾經大聲疾呼關於約會網站的篩選機制，以及將人們視為數據集合的邪惡之處，破局點難道不就是這種框架下的一種變化，也就是根據特定參數，來刪除世界上的某些人嗎？

好的，首先感謝你如此聰明睿智的分析，但這兩者是不一樣的。為什麼呢？因為這些破局點並非根據年齡、身高、髮色或對泰國菜的偏好等任意統計數據。這是一份個人化的清單，既關乎於你，也關乎於對方；這是要辨明你的核心價值與信念，確保你的調情人生不會受到這些因素所影響。

目標是要你保護自己，不要試圖把自己置於一個不適合自己的狀態之中。當然，你不會因為不喜歡對方的鞋子，或是她打噴嚏超級大聲就把她刪去。把時間拉長到二十年，這些都不會是什麼大事，不過，什麼事才是重要的呢？對方是否善良、慷慨大方、他們發光發熱的樣子，他們根本的自我。這些特質無法用勾不勾選來衡量，也可能不會如同你預期的一般，把這些特質都包裝在一起。

所以，這裡有基本原則：

一、身體特質不能納入條件之中。高大、黑皮膚和英俊對電影主角來說相當重要，但對你未來人生伴侶的條件來說則否。

二、如果你想加入「良好的幽默感」，請把它改成「共同的幽默感」。一個人可能覺得黑色幽默很有娛樂性，另一個人可能熱衷於雙關語，但兩種人都會說他們擁有「良好的幽默感」

（雖然我們都很清楚雙關語其實沒那麼有趣）。

三、你得要誠實坦率。別因為你認為它們適切的反映出你這個人而採用某個破局點。有個敏銳的腦袋是件美妙的事情，且許多人非常歡迎他的伴侶有這項特質，但假使你真正喜歡的，是與某個會因為你的蠢笑話而哈哈大笑的人共度，那就說出來吧。沒有人會就這張清單來批判你，所以請確保自己沒有在裝腔作勢。

四、別忽視人們告訴你關於他們自己的事情，然後希望隨著時間推移，你能夠改變或侵蝕他們的信念。如果有人告訴你他們不相信結婚這檔事，或是不想要有小孩，相信他們。如果你仔細想想，這件事對你來說無比重要，那就接受你們倆在這個基礎議題上看法並不一致。別假設他們會因為長久跟你相處，而神奇地「改變心態」。

五、設定破局點不代表這個人的個性得跟你完全匹配。如果你是個有雄心大志的人，一個擁有雄心大志的人也許跟你會很搭，但這並非理所當然。或許行事比較放鬆的伴侶能夠中和你神經緊繃的癖性，幫助你在高壓的狀況下放鬆。破局點不是你最佳特質的清單，而是一份你珍視與關心的事項清單。

六、現實點。不太可能有人既是高度成功人士，又完全不在意物質生活，或是極度重視家庭，同時又非常獨立自主且擁有自發性。如果你要求的是一組互相矛盾的特質，那可能意味著你尚未整理好你自己對特質的優先順位。

七、不要特地描述你心中認為的「一般類型」。每個人都是獨立個體，不是什麼類型，而且你所謂的「類型」，對當下的你來說可能並非真正適用。

八、有時候問題在於，我們不知道自己究竟在尋找什麼。有時候我們認為自己知道自己在找什麼，但事實上我們想要的其實截然不同。舉例來說，我有個客戶說她在尋找某個有共同「家庭價值」的人。這聽起來意味著這個人考量事情時會把家庭放在優先順位，且十分在意家族成員。但繼續深入探究後，她真正的意思是，她在找一個會自我激勵的人。有這種想法並沒有錯，只是這跟她原本認為重要的特質天差地遠。附帶一提，家庭價值最後根本沒有進入她的清單，但「愛狗人士」卻在裡頭。

◇◇◇◇◇◇◇◇◇◇◇◇◇◇◇◇◇◇

——寫下你的破局點——第二部

寫一張新的破局點清單，列出第一至第五點，就跟你第一次

◇◇◇◇◇◇◇◇◇◇◇◇◇◇◇◇◇◇

列的時候一樣，但這次把我剛剛說的東西都牢記在心。

一、

二、

三、

四、

五、

首先，想想看你有沒有漏掉什麼？看看這張破局點心願清單，它是否有給了你任何進一步的啟發呢？

接下來，按照我剛剛所說的，檢視你清單中的每個特點，問問自己為何它對你來說是重要的。現在，更深入去理解自己真正的想法。舉例來說，如果你在清單上寫了「喜愛自己的工作」，思考一下為何你會在意這件事，這份看似簡單的破局點清單之中，應當會有許多微妙細膩之處。

- 是因為你喜歡自己的工作，所以想找尋對自己的工作同樣充滿熱情的人嗎？
- 是因為上一位伴侶一直抱怨自己的工作，讓你不想再經歷這樣的狀況嗎？
- 也可能是因為，你在尋找對事物擁有熱情這種特質的人？
- 如果是這樣，或許真正的破局點，是他們對某件事充滿熱情，不盡然是對工作。
- 因為假使他們對工作抱持無比的熱情，有很大機會他們會把大部分空閒時間都花在工作上。
- 這樣一來，或許你真正在尋找的對象，會讓你有許多空閒時間做自己的事？

你看看，抽絲剝繭找出每個破局點背後的意義，對你的幫助是不是很大？

因此，攤開這張新的清單，逐條檢視。問問自己，這是我真正的想法嗎？並深入探索。如果你寫了「愛好玩樂」，你真正的意思是什麼？你會看中隨遇而安的自發行為，也就是願意做一些出乎你預期的事情；還是說，你希望這個人自在地活在當下，同時還是個負責任的人？這兩種狀況天差地遠。

現在，你的破局點是不是太多了？如果超過五個，那就成了單純的確認名單，而不是一組「必要條件」，再確認一次。確保你有五個正確的破局點，問問自己，如果你遇到某個擁有特質一、二、四、五，但沒有三的人，即使要跟他相處五年，沒有這點會很重要嗎？如果答案為「不會」，那這就不是破局點；如果答案為「會」，那就是它了。

那假使你列不出這麼多呢？多思考一兩天，再深入想想。這份清單都是對你來說很重要的東西，對方將會反映出這份清單的重要性。如果你真的無法再多加上一兩項，或許你還不夠深入審視自己。

放輕鬆，找出第一份清單，再跟第二份比較一下。其中有什麼改變了？這些改變讓你發現了什麼？

我很清楚每個人的清單都會不一樣，畢竟我看過很多了！你的清單是獨一無二的。一旦你擬好清單，就可以幫你省下許多時間。它會讓你專注在自己尋求的目標上。

舉例來說，你的清單看起來會像這樣：

- 在我所處的城市生活。
- 善於處理金錢。
- 積極參加活動且熱愛運動。
- 不想要小孩。
- 值得信賴且可靠。

假設你遇上了某個看似很不錯，但住在巴黎，而且不打算搬家的人好了。這意味著無論對方多麼風趣，假使你住在不同城市（且目前沒有移居的準備），那就只能謝謝再聯絡了。

或者是你遇到一個非常有趣、深具吸引力、善於處理金錢且可靠的人，但他怎麼樣都要小孩而你不想。那還是只能謝謝再聯絡。

或者是每次你跟他約好見面，他卻經常沒能赴約。沒錯，他們確實魅力十足且充滿活力，且每次道歉都誠意滿滿，不過這種極度拖拉的態度也沒什麼好理由可說的。而且你很清楚，值得信賴是你的關鍵破局點。一樣謝謝再聯絡。

或者說積極參加活動與熱愛運動對你來說十分重要，且這也是你大部分閒暇時間在做的事，但這個人喜歡坐在沙發閱讀和看電視來度過假日時光。一樣謝謝再聯絡。

你可能會覺得這樣有一點嚴格，畢竟週末時想看本好書放鬆一下不是什麼壞事。無法總是能夠依靠，也不代表他就是個很糟糕的人。也許你應該稍微放寬一點對他們的標準？

聽好，你得細細考量這些破局點，你不是突然神來一筆想出這些東西的。這份清單只有五項特質，且代表了對你來說，重要的是什麼。全世界有數百萬個人都有可能跟你合拍，這份清單的目的是要幫助你有效率的理出，為了有一段浪漫的邂逅，是否應該花時間去了解這個人。它也會幫助你思考兩人是否能長期的走下去，而不是被短暫的炫目火花給干擾了。

最後，對於破局點我有個簡單的規則。我們都很清楚，人們在緊張、有壓力或是試圖給對方留下好印象時，不總是能把自己最棒的一面表現出來，第一次約會時，無論發生什麼狀況都相當常見。如果第一杯雞尾酒還沒喝完，我們就想讓對方傾訴他們內心重要的原則與抱負，就會變得有點像是在面試了。因此，我有個「三次約會規則」，如果你認為五項破局點，這個人至少符合四項，不妨給他三次機會。一旦你繼續認識理解他，可能會驚訝的發現，他對你開始產生了身體上的吸引力。要考慮到，第一次接觸時，可能比較難發現某些破局點，這位男子第一次約會看似急躁不安且不有趣，到了第三次約會，或許就能夠放鬆，把他機智詼諧的一面表現出來。

有很多客戶寫信告訴我，因為破局點清單，讓他們現在擁有無比美好的伴侶關係，「他並非我尋求的正常類型，但他符合所有的破局點。現在我們已經約會五個月了，我覺得就是他了！」

化學反應

誰想得到，我曾說出最具爭議性的言論，會是在布魯姆斯伯里（Bloomsbury）某間書店的地下室，進行中世紀英國的主題演講時發生的呢？如此陰險狡詐的言論為何，怎麼會就這樣激怒聽眾了呢（我還看到有人把乾草叉藏在座位下方）？我提到了，人類在找尋潛在對象時，犯下最大的錯誤之一，便是假設一定要在當下產生化學反應。於是聽眾群起暴怒。「好啊，如果化學反應不重要的話，我就跟我兄弟結婚就好了啊！」；「這樣的話，談感情的對象跟朋友的差別是什麼？」；「那性愛呢？你不希望我們擁有火燙燙、熱情如火的性愛嗎？」等到我跟大家保證，我這輩子最大的願望，就是讓他們擁有超棒的性愛，他們才稍稍平靜下來。

不過這樣的信念有什麼值得挑戰之處？看似我們都受到制約，認為未來的伴侶必定會讓我們燃起某種原始的衝動，或是當我們看到可能配對成功的對象時「我們就是會知道」。那是一種必定馬上會有火花的感覺；而不是某種等到兩個人更深入了解彼此後，在一段關係經過一段時間後才會出現的東西。

這種必定會在一瞬之間出現的火花，要不是當下就有，不然就不會產生的想法，或是說這甚至稱得上是你能夠跟他長期相處的指標，都只是一派胡言。我相信這是種科學術語，別誤會我的意思，如果你正處於想談戀愛的心情，且今晚想交個朋友，若是沒有立即的化學反應，那你只會空手而回。在短暫的邂逅下，化學反應是必要的，不然就別費心做這件事了。但假使你尋求的是長期關係，對於將會有幸福結局的伴侶，從那些閃閃發光、冒出火花的東西找出來，破局點是至關重要的。

如何找到吸引你的人……

確定好你的破局點後，如果找不到符合這張清單的人該怎麼辦呢？有時候，來找我的人會擔心他們已經單身好一陣子，結果他們的問題聽起來反而跟預期相反。他們不是不知道怎麼吸引別人；僅僅是找不到任何覺得能吸引他們的人。他們的調情雷達，似乎因為一段時間沒使用而失靈了，覺得彷彿從來沒遇到過喜歡的對象。

不久前，我才給了一個儘管想辦法約了女孩出去，卻不知道如何在過程中調情的男孩建議。他曾安排過幾次相親，但女方的回應大抵上都認為像是跟她們的弟弟出遊，完全沒有來電的感覺。

我進一步跟他一起勾勒細節後，這似乎與他如何看待調情有很大的關係。他跟我說，約會時他不調情的原因有三個，或許你也心有戚戚焉：

一、他找不到對方吸引人之處。

二、他不想矇騙對方。

三、他不知道該怎麼做。

我們會在下一章仔細檢視問題三。但假使你也找不到想要進入下個階段的練習對象該怎麼辦？自從跟他談過後，我對阻礙人們調情的狀況進行了一次非正式的調查，我發現沒找到有吸引力的人，以及不想矇騙對方，跟不知道該怎麼做這個簡單的事實一樣，可能會讓大家躊躇不前。

我們就先從第一點，聊聊如何找到有吸引力的人開始。這個部分，我們傾向於假設大家最初的感受是絕對的。不是對，就是不對，永遠不會改變。我們沒考慮到的是，找到有吸引力的人，除了當下的外在條件以外，還有許多面向。最終評估前還有其他許多東西要觀察，而不是快速的往對方身上瞄一眼而已。

無論我們是不是覺得對方有吸引力，信不信由你，最先也最重要的，是我們自己的感受如何：我們當下的心情、對自己外貌身材的感受（一般狀況下，不過在特定時刻感受會更強烈），無論我們此刻心情是開放或封閉皆然。我們也沒發現自己能透過觸碰與笑聲，來營造恰當的生理反應，進而使我們覺得其他人更有吸引力，反之亦然。觸碰與笑聲會在大腦中釋出使人愉悅的化學物質，並產生更多吸引力。那絕對不是某種在房裡迅速看一眼後，就能產生的感受。

所以，想像你走進擁擠的派對，希望今晚能找到吸引你注意的人。你環視四周……沒有人選。

但想想你的破局點：身體特質不算，記得嗎？比如說，你在找某個善良並對自己感到舒適的人，對方有健康的生活風格，你也能跟對方進行有趣的討論。你怎麼能透過環視房間，就曉得那個人在不在這裡呢？什麼是找出人們有沒有符合那種描述的最佳方式呢？當然是和他們談話了。

幸運的是，既然你有調情學做為輔助，這點就不會太難。調情學與解放你與他人的潛力有關。這不代表你該「安於」某個你覺得外表上缺乏吸引力的人，反而代表有時人們的吸引力會在交談中自行顯化，而非來自快速看一眼擁擠的酒吧。或許你從來不對金髮女子有興趣，但如果你和一位站在吧台旁的金髮女子談話，就會發現你們都熱愛水上芭蕾。而也許妳認為自己不喜歡頭髮稀疏的男人，但一旦妳開始談起自己最喜歡的《慾望城市》（*Sex and the City*）集數，對方就忽然看起來更像大人物（Mr Big），而不像史丹佛・布萊契（Stanford Blatch）。

……如何不因覺得他們太有吸引力，而不敢跟他們說話

相反地，或許你對調情本來沒有問題，直到你遇到某個讓你心跳加速

的人。我們在天生「友好」的調情者身上可以看到，有時當他們覺得風險越高時，他們就會失去個人魅力。當他們發現某人吸引自己時，就會累積壓力，所有的樂趣會從交談中流失。

這兩種問題（不覺得任何人有吸引力，和覺得人們太有吸引力，因此不敢跟他們說話）聽起來完全不同。但事實上，這兩者的解決方案一模一樣。怎麼會這樣呢？想像你的調情生活中經常重演的兩種情境。

情境一：你滿懷希望地走進房間，對裡頭蘊含的調情好機會感到興奮。快速掃視房間後，你就感到喪氣：又來了，這裡似乎沒人能引發你的興趣。這種事為什麼一再發生呢？

情景二：你滿懷希望地走進房間，對裡頭蘊含的調情好機會感到興奮。果不出其然，在你視線前方出現了傳說中的美麗陌生人。哇。正巧是你的理想型。但一想到這點，你的大腦就立刻呆住，手掌開始冒汗，也想不出該說什麼。這種事為什麼一再發生呢？

在這兩種情況中，你都陷入膠著。有趣的是，在這兩種狀況中，要脫離瓶頸的方式也相同。你該怎麼做呢？

你該與人交談

為什麼？因為要知道自己能否找到有吸引力的人，就不只得用眼睛快速掃視四周。認為自己只看一眼，就能「喜歡」某人的話，就太魯莽了。

給自己一項挑戰：對五個不同的人問至少一個問題。之後看看自己對他們的感覺如何。透過這種方式，受某人吸引的機會就不只受到他們的第一印象影響（無論這代表在更深的層面了解他們，或是減輕相遇帶來的壓力），因為你不會嘗試硬著頭皮和高不可攀的「那個人」談話。

改變你是否「喜歡」某人的標準。天知道，當你開始跟角落中的性感女子交談後，她可能會變得像衣夫人（Aunt Edna）。但當妳開始暢聊，妳通常不會多看兩眼的男子，就會神奇地化為喬治・克隆尼（George

Clooney）的單身兄弟。你怎麼可能光靠一眼，就得知這些事？

目標是降低你對每次邂逅所產生的壓力，並不讓你錯失可能相當值得的機會。調情學和毫無壓力的輕鬆連結有關。

如果調情這麼簡單又值得，那我們為何不多調情呢？有個答案來自我與年輕朋友的談話，以及他對調情的第二層阻礙：他不想「引導她」。我們之中有太多人擔心，一旦與某人互動後，就得對他們負責。儘管有必要察覺對方的感受，並尊重他們，我們卻不需掌控這些人。每個人都得為自己負責。也得記好，調情學的方式並不代表得猛烈推進，噘起嘴並挑戰他人底線。調情學的方式沒有壓力，它起始於一個簡單的問題，接著導向下一個問題，然後又是下一個……如果沒效，你就脫身。使用這種手法時，問題絕非「引導人們」，而是判斷你們倆是否有話題可聊。如果沒有，也沒關係，抱持敬意地離開就好。

幸好，在我那位有調情問題的年輕朋友狀況中，故事有了美好結局。

一同解決問題，並辨識出問題核心後，他徹底改變了自身行為。更重要的是，他改變了自己對調情的態度。原本看似飽含壓力與期待的事，現在卻成為他積極享受的行為。你甚至會認不得他，他是台調情機器！他一直擁有這種特質。你知道嗎？你也有。

MAKING APPROACHES

第四章

試探一下

「為什麼當沒有人吸引我時，我可以調情，但有人吸引我時卻做不到呢？」如果你在心裡點頭，你並不是唯一有這種感覺的人，這是人們最常問我的問題之一。此時調情就從友善開場，移入更有目的性的活動了。它代表大幅地躍進，從正面的調情學**態度**，轉為**行動**狀態：有意地調情。老實說，儘管吧台旁的美男子讓你受到大量費洛蒙衝擊，讓你在開頭感到有點緊張，但如果你利用調情學法則引導自己的話，那好玩的事才剛要開始。和吸引你的對象調情，確實會令人感到有些心煩意亂，但這件事的另一面就是刺激感！和你真正喜歡的人調情，會有多刺激呢？個人而言，那時我才會覺得自己像腎上腺素爆發的無懼賽車手馬里奧・安德烈蒂（Mario Andretti），同時手上還拿了杯酒。

調情學的目標是從調情狀況中移除壓力，只留下樂趣。但永遠都會有讓人感到活力較為高漲的時刻：身處派對中，但你只認識主辦人。在藝廊開幕式中，你希望能遇到宛如藝術品般的對象。你知道財務部的美女，也會參加下班後的同事小聚。如果在上述場合中，你都沒感到一絲緊張的話，就稱不上是人類了。這也讓與吸引你的對象調情變得更加刺激。

但儘管一絲緊張能加強興奮感，但任何類似真正壓力的感受都是調情學之敵。所以，如果你備感壓力，就需要處理它。幸運的是，有調情學家在此協助你。

讓我們把這件事分成不同階段：

準備

關於準備的第一點，就是你不需要節外生枝。你已經在行動了！記好，如果你大致上是個友善的人，特別是已經對開頭幾章了然於心的人，那你應該已經能利用各種互動方式，表現得友善親人和開放。這件事有什麼不同呢？

我們來想想準備的過程。首先，**提前讓你自己抱持恰當的心理模式**。當我們為某個活動做準備，或進行比去超市買瓶牛奶更複雜的任何行動時，經常會引發自我審視和批判：「**我可能不會找到能交談的人。**」，「**這件洋裝不會修飾我的臀形。**」，「**為什麼我老是遲到？我真是缺乏組織能力的人。**」這是心理叨念（mental chatter），它容易在緊張時刻壓垮我們，也能迅速轉變成嚴重的消極心態。但當你的內心獨白對你訓話時，你能表現出最好的自己嗎？不。那麼，將它關掉。

取而代之的，是記得心智模型的力量：**我們的思考方式會影響我們的行為，進而影響結果。**

當你跨進門時，在你腦中飄過的思緒會大力影響你當晚的行為。我們得確保這些思緒能幫助自己，而不是帶來阻礙。你能用許多不同的方式察覺任何狀況，所有方式都有效，不過我們似乎都會緊抓消息思緒不放。與其讓消極的心理叨念影響當晚的走向，何不在當晚一開始就做出有自覺性的決定，選擇能幫你享受自己並催生結果的心智模型呢？

與其想「**我不會在這場活動中認識任何人，找人講話太難了**」，不如轉念為「**我確信這場活動裡至少會有幾個有趣的人，我要找到他們！**」

與其想「**很難與陌生人展開對話**」，不如轉念為「**我喜歡了解別人。來看看有誰想分享吧！**」

沒錯，有時你會想該和誰攀談，有些人可能不太友善，有時你也會感到不安。沒關係。記好你的心智模型：「**大多數的人都很友善，就和我一樣。**」出發去找個對象吧！

很多人覺得為當晚**設定課題**很有用：「**今晚我將至少和六個新人說話**」，「**如果對方的身體語言保持開放的話，我就要確保自己至少接觸三組陌生人。**」課題應該要受到你的掌控。沒有必要把課題設定為取得三個人的電話號碼，因為這有賴於其他人的反應，他們得想要自己分享電話號碼，這是你無法預測的事。不過，你可以**向**三個人要他們的電話號碼。**那是你**

能控制的事。

為自己設定課題是很有用的做法。它能讓你把焦點從自己身上移開，而專注在眼前的課題，這將從情境中消除個人的不自在因子。因此，你不會因為自認你們之間有莫大火花，或因為你覺得對方是自己見過最亮眼的人，而不願展開互動。你接近對方，是因為自己得完成課題。這代表你會毫無壓力地接近對方。如果和對方相處融洽，那很好。如果不是，就找別人吧。

還有幾個幫助你準備的小提示：如果你要和朋友出去，**就提前說好今晚的目的**。如果你想認識新人，對方卻期待有深入且意義的交流，那你們倆可能都會失望。

最後一點：**提早到場**。到任何場合時，我永遠都會晚五分鐘（左右）。早鳥們讓我感到訝異，他們是怎麼辦到的？不過，我在兩種狀況下都能提早到場：我不認識任何人的場合，和按摩。按摩顯而易懂，我完全不想錯過任何一絲幸福時刻。但活動呢？這聽起來違反直覺。你不是該在全場躁動時亮麗入場嗎？不對。提早抵達能讓你有機會和其他早鳥在放鬆的氣氛下談話。只有五個你不認識的人的房間，和有五十個熱烈交談的人的房間，哪個比較容易進入？這能讓你取得控制：當別人抵達時，你已經有機會對他們露出歡迎的微笑，或邀他們加入談話。等到房間裡人群眾多時，你已經建立起溝通網了。

進入

是的，你準備好了，自我感覺良好，同時也抱持樂觀心態。我們來想想你要如何用調情學的作法來進入狀況。

要記好，調情學與效率息息相關，讓機會最大化。如果你想知道平常為何沒人向你攀談，可能是由於在你平日的行為模式中，你會低頭走入房間，直接走向最靠近你的救生艇（朋友或吧台），接著走向漆黑的角落？

聽好了，你不會因此得到成果。我們得用調情學的作法這麼做。

看看四周，抬起頭，觀察有誰在場。如果有人和你眼神接觸，就接受這件事，甚至還可以露出微笑。全力前往吧台，喝水有益健康。不過，去吧台時得有正確理由，別把它當成有些濕黏的安全網，而是蘊含機會的金礦。你想待在人聲鼎沸的區域，在那最容易展開談話，食物、飲料也都在那裡。但當你走過去時，繼續往周圍張望。有種叫做**單純曝光效應**（mere exposure effect）的現象，我之後會討論這點。簡而言之，它讓我們知道，人們較可能對自己見過不只一次的對象產生正面感受。因此，確保你自己受到矚目，也願意與他人的眼神接觸。

外表親人

所以啦，既然你走進了房間（抱持恰當的心智模型，抬頭挺胸，並四處觀望），你該如何投射自己呢？當你率先看到喜歡的人，要如何吸引他們呢？你的閃亮秀髮或結實腹肌無法辦到這點。吸引人最有效的首要方式，就是讓外表親人。我們該怎麼做呢？透過身體語言。幸運的是，這並不是難以破解的密碼。

關鍵就是確保你保持**身體語言開放**。這是什麼意思？聽好了，老是交叉雙臂的人們。這代表往上看，望向房裡，抬頭挺胸，**鬆開**手臂並敞開雙肩，再轉向房間。你可能會注意到，這項清單不包括看你的手機！手機的用途是讓你在工作無聊時看好笑的貓咪影片，**不是**在你感到緊張時使用的支架。把玩手機或假裝你得檢查極度重要的訊息，瞞不了任何人。往下看並專心在其他事物上的動作，象徵你沒興趣見任何人。你或許以為這會讓你看起來不焦急，但其實只會害你痛失機會。

我有位男性客戶到倫敦出差，他經常在差旅中獨自吃晚餐。他講述了前一晚的故事，當時他帶著手機出外吃晚餐。在附近的餐桌，有位美女也正在獨自用餐。他坦承自己忙著看手機螢幕，沒注意到她往自己偷偷拋出的眼神。只有當他和手機共享最後幾口甜點時，她對他露出了明亮的笑容，這才使他明白，吸走他關注的手機害他失去了大好機會。

相同的是，**不要坐下**。你或許認為找地方坐下所帶來的安全感，能讓自己在新場合感到更舒適，但務必抗拒坐下的衝動，這會害你消失，你會失去一半高度。坐下來的你變得靜止不動，限制你和他人互動的機會。如果有人在你身邊坐下，才會為你帶來唯一的交談希望。希望你喜歡這個對象，因為你會和對方困在一起。坐下時比較難施行離場策略，就像是把自己對任何人的控制權交給別人。用這種角度想：閉上眼睛，想像和某位充滿魅力的陌生人碰面。立刻想像這件事。現在呢，回憶你剛想像的情境：那個陌生人是站在房間中央，還是坐在靠近廁所的角落？

當你回想時，想想你會站在**哪**。**你得待在一切的中心**。漆黑的角落有益於苔蘚，但無助於找到潛在的戀愛對象。當你去過吧台／小餐桌，就移動到房間中央。你得將自己遇見人的機會最大化。你得看到人們，也讓人們看到你。當你站在房間中央時，人們不只會看到你，也象徵能找你攀談。當我們感到不安時，會往牆壁、角落和盆栽靠近，因為它們能提供我們虛假的安全感。但我們不**需要**安全感，因為這不難，記得嗎？這是場派對，不是虎穴。測試你的心智模型：「**我敢打賭，這裡有好玩的人。**」那麼，找到他們的最佳方式是什麼呢？就是打入他們之中。

這些是你該釋出的身體語言線索。但它們也是你該找尋的信號。當你掃視房間時，注意觀察做出同種行為的人：那些人讓自己待在中央，上下打量四周，也展現出開放親人的身體語言。微笑也總有幫助。

接近

讓外表顯得親人又開放非常好，但我們需要將你從服裝型錄上的笑臉人中區隔開來。你不是單調的人。你可以做到更多。再說，如果你光是站在那，就會拱手把控制權讓給別人。你得積極主動，作法就是自行接近對方。我們已經明白，這種道理對兩性都適用。

對許多人而言，最重要的問題是：該如何接近完美的陌生人？這也是展開猶豫的時候。讓我猜猜看：你認為每個人都對這件事很拿手，只有一個例外：你。你的內心一片空白，手掌開始冒汗，你相信自己不曉得該說什麼，也認為自己會吐露出愚蠢至極的言語，而對方和他們的朋友則會嘲笑你，黑洞則會隨之將你吞噬。沒錯吧？

我們會認為和陌生人交談如此困難的理由之一，是由於我們受制於他們可能的回答。但我們已經提過，那不是我們的問題，完全不是。在第一章中提過，在任何互動中，我們只為自己的行為負責，我們無法控制其他人的反應。有天晚上，我和朋友們外出，在倫敦我最喜歡的娛樂場所，有保齡球、卡拉OK、乒乓球和現場音樂，全都在同一個地方。我很享受那晚，並在打保齡球時，和我們隔壁球道的男人們聊天。我和其他人打乒乓球，並整晚跳舞，我們玩得很開心。那晚結束時，我看到有個男人拿了兩大杯啤酒站在那。處在興頭上的我，微笑著對他說：「你一定很渴！」他一句話也沒說，只是看著我身後。不久後，他的女朋友就走過來。他對女友低聲說了幾句話，隨後他們就盯著我。我的大腦接掌控制：「好吧，他們一定是可悲的人。我不想過他們的生活。他們連如何對陌生人微笑都不會。我為他們感到很遺憾。」這種思緒不斷蔓延，它幾乎要毀了整晚的感受。接著我脫離這股思維，我明白他們沒有責任要讓我感到開心。就像我有權對他說話一樣，他也有權用自己喜歡的方式回應。儘管當晚大多人喜歡和我與我朋友們玩，享受閒聊與調情，當晚卻沒有任何人有責任讓我開心。不過，當晚大多人剛好用我喜歡的方式回應我。

很容易忽視這點，但這是調情學哲學中重要的一環：**沒有人有責任讓你開心，那是你的責任。**

還有第二個同樣重要的教訓：就和我能自由接近這個人一樣，他也能自由用自己喜歡的方式回應。**我們都能自由做出自己的選擇**。這對調情學而言至關重要，因為如果我想試著與人互動，我就得明白，他們也會拒絕我的追求。

這種自由還會衍生出第三個教訓。**我們不該受制於其他人的反應**。當我們不投入別人對我們的反應時，就不需要審查自己。當我們做自己真正想做的事時，就比較不會投入別人的消極反應。我們較容易想：「好吧，那是他們的特權。」而他們的消極反應就不會對我們起太大的影響。

所以，由於我覺得能自由地對那人說關於啤酒的話，最後我才無法接受他的反應。如果我允許自己上前和某人互動，那我就得理解對方也有權自由回應。

因此你需要做的，和你唯一**能**做的，就是主動接近。對方能自由回應。他們可以給你正面回應，這當然比較好！他們能說短短一小句話，或也能忽視你。你的課題不是持續對話，那超越了你的控制範圍，那需要兩個人。你只需要做好自己的部分就行，之後發生的事不只取決於你，而是取決於**你們倆**。如果天時地利人和，就會產生交談。

假設你遵循了簡單又堅不可摧的規範，沒有騷擾任何人，或使任何人感到不適的話，大多人都會樂於和你溝通。而即便是你主動接近，也得明白你隨時都能抽離。就只因為你在邂逅中踏出了第一步，並不代表當你感到不開心或不安時，也還得留下。

但大多狀況下，你會發現人們比你預期得更有包容力。我有位客戶花了近一年經常接近陌生人，後來告訴我：「妳知道，和我開始做這些事前的想法相反的是，九五％的人和我談話時都很開心。我幾乎總會見到對方回以微笑。當然了，五％的人不會這樣，但不重要。也因為我經常這樣做，我很容易看出，如果他們沒展現出正面反應，問題就出在他們身上，而不是我。」

遇到這五%時，你該怎麼做呢？不，不需要刮花他們的車。如果你看得出他們不樂意和你談話（如果你專心觀察，就會很明顯），那沒有關係：你只需要離開（我們會在下一章看看如何優雅地這麼做）。

如何接近

所以啦，這就是和接近人有關的理論。那現實呢？你事實上該怎麼做？

首先，判定可接近度（approachability）：運用你對自身身體語言的所知，將原理運用到別人身上。概述一下：他們抬頭四處張望了嗎？他們敞開雙肩，鬆開手臂了嗎？他們在微笑嗎？如果有，很好：比起滑手機的人，或低頭和別人專心對話的人，他們幾乎是更好的目標。現在再看一次……他們和你眼神接觸了嗎？（參見框內。）

眼神接觸

在我得到其他學說佐證的研究中，顯示出傳達或接收興趣最強烈的方式，就是透過眼神接觸。那些從房間彼端向陌生人拋來的眼神，是我們向他們傳達興趣的第一種方式。但你要如何判斷這究竟是友善還是調情，或只是你的視線碰巧撞在一起嗎？

在不過度分析的狀況下，在這種時候，這點真的重要嗎？目光就是目光。

如果你真的覺得有必要先評估眼神接觸的類型，再出手行動的話，以下是一些基本指導方針：

一、頻率。以經驗法則而言，看一眼可能是意外，兩眼可能是巧合，三眼以上絕對是信號。

二、長度。眼神接觸的長度是個具體指標：停駐下來的漫長眼神，等同於某種吸引力。

三、強度。你能看出雙眼後是否有意圖，或只是往你的方向看。

四、手勢。如果眼神接觸還加上手勢，像是拉直衣服或無意識地碰觸臉孔，就是興趣的象徵。

如果看起來像是調情行動，就做出回應。你該怎麼做？很簡單：露出**微笑**。微笑是你的關鍵武器之一。它不只會釋出正面印象，也對你的健康狀況帶來正面的心理效果。微笑會在腦中釋出愉快的化學物質，能加強良好感受，這點已經受到證實。所以在微笑後，如果對方產生興趣，他們就會做出同種回應，你也能從這點開始著手。發出鼓勵性信號絕對沒錯。或許直到他們看到你露出皓齒一笑前，都不會發現自己對你有興趣。

如果沒人做出眼神接觸的話，別擔心。那可能只代表他們沒看見你。你還是能繼續進行下一步。

顯而易見的是，下一步就是走向你的目標。沒必要在房間另一側發揮你的吸引力和可接近度。你得採取主動。你該多靠近？近到能問他們問題，但不會近到能在這麼前期就判斷出他們使用的洗衣粉品牌。以下是幾個簡單指導方針：確保你從正確角度靠近他們，這自然代表不要從背後逼近，你想和他們談話，不是搶劫他們。先四處走動，直到你看到前方出現空隙，使他們的雙肩面向你。確保有足夠的談話空間：別圍住他們，或擠進他們之間，害他們感到不舒服。為了創造潛在的正面經驗，對方從一開始就得感到舒適。

這一切聽起來都像複雜又冗長的指示。事實上，你應該不假思索地進行導向這時機點前的一連串步驟：你走進房間，讓自己看起來態度親人並觀察，再看到某個你想攀談的對象。你走近他們。現在，**行動吧**。你有多少次在派對中浪費大把時間，深思該如何走向角落裡帶著俊美笑容的男人，卻發現當自己鼓起勇氣時，對方已經準備離開了？

我們偷懶的原因之一，是由於我們過度分析每場邂逅。假設你環視房內，並認為自己「喜歡」某人。靠近他會變得更簡單或困難呢？我認為當你加上「喜歡」這標籤後，就感到更多壓力，對吧？如果你確實和他談話，在你無意間創造出的高壓氛圍中，你通常還會喜歡他們嗎？或者，當他們一開口，就不再那麼可愛嗎？我們可以大方點，說在一半時間裡，你還是在交談時覺得對方有吸引力，但另一半時間裡，你則不這麼想。從這種機率看來，你為什麼要在一開始就把自己逼入困境呢？

記好你的工具：你帶著「**我確信這裡至少有幾個有趣的人**」的心智模型探索面前的場景。你為當晚設定了一些課題，包括向五個新人攀談。你可以利用這點提醒自己說，這個人不是無法碰觸的失敗。他們只是你今晚計畫中的一部分。

一般而言，在你決定自己「喜不喜歡」某人前，先等到你問他們一個問題時。就這樣。接近他們，問個問題，再評估他們的反應（事實上，別只對一個人這麼做，把它用在房裡所有人身上）。但在那之前，保持單純。別試圖先分析一切：這是完美人選嗎？這是完美機會嗎？他們會給我完美回應嗎？事實上，什麼都別想。行動吧！

問個問題

但你該說什麼？我們不能讓你衝向某人，然後擺出一副冰雕臉。你得說點話，對吧？如果你打算想出一句台詞，讓對方知道你有多聰明機伶又優秀的話，別這麼做。這是不可能的，沒有這種台詞。

但別擔心。沒人會因為某人對他們說了第一句完美台詞，就展開一段關係。其實，當我進行調情之旅時，都會進行一項實驗：我會要參加者接近彼此，並問彼此一個關於某件事的問題。這能讓他們練習，但也彰顯出我們通常不會考量的事：高明開場白的真正重要性。當他們與彼此談了幾分鐘後，我會要接受方把對方的開場話題告訴我。他們十有八九記不得對方一開始說了什麼。仔細構思的開場白就只有這一丁點用，開場白僅此而已，它是用於打開交談可能性的工具。或者，就像某位紐約女性受訪人所說：「你不需要把開場白說得舌燦蓮花，這樣對方就沒有得說出俏皮回答的壓力。表現自然就好。」這是很好的想法。

在調情學中，你不需要「台詞」，而需要態度。這種態度說：「我想和你談話，也想聽聽你要說的話。」彰顯這種態度的方式，就是**開放式問題**（open-ended question）。

開放式問題是你的主要武器。我指的是答案不只有「對」或「不對」的問題。

在最近一場調情之旅中，其中一個男子不斷在處理課題後回報，似乎對結果有些失落。研討過他與女人們的對話後，情況大致如下。

畫廊中的一號女子：

他：「那幅畫真有趣。」

她：「嗯，對。」

街上的女子二號：

他：「妳知道附近哪裡有化妝舞會服飾店嗎？我要找參加我兄弟派對用的戲服。」

她：「呃，不知道。抱歉。」

由於談話毫無進展，使他感到頹喪，也認為原因是女性看待他的態度。他顯然不是她們喜歡的類型。聽過先前發生的事後，我安慰他說，他不需要個性移植，只需要比較好的開場白，讓他有多一點機會展開對話。

他該如何做出不同的行動？比方說，如果他在畫廊說：「那幅畫很有趣。我喜歡這個藝術家用色彩傳達情緒的方式。妳覺得呢？」他能給她空間說些除了敷衍般的「對」之類的話。或者，在第二次互動的情況中，詢問令人費解的事情（像是買戲服的店），就不太可能成功和某人攀談，或讓對話順利進行。

因此在下一次的嘗試，他得確切詢問開放式問題，以及比較適合當下情況的問題。他不只需要更良好的結果，也得理解簡單但強大的原理：他該改變的不是整體自我，只需改變他的開場白。

但如果這一切想起來太過複雜，特別是在碰上你覺得有吸引力的對象時，那就使用魔法問題（magic question）。它非常簡單，也能應用在各種情況中。魔法問題是什麼？

「你覺得……如何？」

比方說，如果你在吧台：「你喝過這種酒嗎？你覺得它如何？」如果你在畫廊，或是書店和現場表演，那「你覺得這張畫／這本書／這個樂團如何？」就有相同效果。即便你在超市，依然可以把魔法問題運用到雜貨上。「你覺得這些酪梨如何？你覺得這些可愛小東西可能引發了森林濫伐，還資助了販毒集團嗎？」瞧，這就是老練自發行為的完美範例。你大略知道該問什麼，以免感到緊張，但還是有空間讓問題變得自然。

來仔細看看為何這很有效：

一、你承認了共享經驗（即便只是在超市站在他們身邊這種小事）。

二、你問他們關於他們自己的事。這帶來了自我揭露（self-disclosure）的機會，也是開始建立和諧關係的有效方式。

三、透過承認你對他們的意見有興趣，你讓他們自覺重要。

四、你讓他們在答案中自由地講越多或越少。沒有壓力。你們倆隨時都能脫身。你們也能繼續交談，看看結果如何。

重點是從小地方開始，讓事情發展，觀察你的問題會導向哪。我的倫敦研究受訪人之一，對調情經驗和它的發展方式想出一套有趣的比喻：「它就像軍備競賽：從小規模開始，也可能順利研發核武。」對，他是前軍事人員。你是怎麼猜到的？

——社會傳染（Social contagion）

這聽起來或許很像可疑的醫學現象。但這其實是你**會想**把握的東西。它在你的調情學裝備中，是相當有用的工具。

為什麼呢？因為如果你向某人詢問，他們對自己抱持正面感受的事物有什麼意見的話，社會傳染就代表對方可能會將你納入這場戀愛關係中。

如果某人談到他們熱愛的主題，不難想像他們會感到興奮。你站在那，你為何也不加入這股興奮的氛圍呢？心理學家將這種現象稱為社會傳染：將情緒在不同事物間移轉。

當我在倫敦的塞爾弗里奇百貨（Selfridges）和一位男性客戶逛街時，我第一次在工作上注意到這件事。當時我們正練習在商店中接近女性，並詢問她們對不同物品的意見：沐浴乳、廚房用品和毛巾。只有當我們無意間走進巧克力貨架通道，並開始詢問女性們最喜歡的巧克力時，對方的眼睛才亮了起來，心情似乎也很好。她們拉著他在巧克力區到處走，指向她們最喜歡的品項。

我在某次調情之旅中注意到同一種現象，旅程中的一位男性成員問石榴區中的一位女性要如何挖出種子。結果她家族已經栽種了石榴樹很多年，她也樂於和別人分享知識與故事。真的很難看到有人這麼開心，有鑒於這名快樂對象的心情，這會是向她要電話號碼的好機會嗎？對。沒錯，當然是了。你學得很快。

當人們心情好時，就會對你變得更開放。這對你而言可能不是破天荒的新聞，但你試圖使用過這種小絕技嗎？讓它幫助你看看？透過和對方談起他們喜歡的事，做他們喜歡的活動，或吃他們喜歡的食物，你就能幫助增強他們的心情（在我吃巧克力蛋糕時碰到我，我就會對任何事說好）。所以啦，如果你注意到談某件話題時，某人的眼睛便亮了起來，就把這種現象視為和對方深談的綠燈。

道具

除了魔法問題外，另一種能讓自己想出該說哪種話的方式，就是使用道具。不，你不需要為此加入當地的社區劇院。道具只是能幫助你想出台詞的物品。

想像這種畫面：你坐在當地咖啡廳中，喝你鮮奶油加量的雙份卡布奇諾，此時你注意到有人不斷對你投以注目。從這名充滿吸引力的陌生人身上得到關注，讓你感到驚喜。但你的驚喜隨即變成困惑，接著則是擔憂。現在呢？你該說什麼？

如果我要你憑空想出一個問題，特別是當你已經感到有點緊張時，這樣就太困難了，對吧？但如果我教你如何將問題連到道具上的技巧，真正的挑戰並非想出問題，而是辨識出恰當道具。從這裡開始，就很容易想出和道具有關的話語。所以在咖啡廳的情境中，就有好幾個道具範例。

咖啡廳本身：「你覺得這個地方怎樣？」

或是店內的食物：「那是哪種蛋糕？我該試一塊嗎？」

或是咖啡本身：「這裡的咖啡好嗎？」，「他們是怎麼在拿鐵上畫出那些複雜花樣的？」

我們周圍充滿道具。而我們可能比較容易發現某些道具。這就是能輕易和養狗的人攀談的原因之一，因為狗是完美的道具和話題產生器：「牠是什麼品種？」，「牠叫什麼名字？」，「你養牠多久了？」不過確實有一次，當我問客戶說，他會問對方關於他們的狗哪種問題時，他想出：「牠會咬人嗎？」狗顯然對跑者或郵差不是最佳的道具範例。

道具有三層優勢：

一、它們讓人能輕易想出當下該說的話，所以當你得迅速行動時，它們能幫你快速啟動。

二、它是較為自然的手法，因為它出自當下發生的情況。它連結到你們倆當下經歷的事。你試圖避開任何老套的搭訕場景，像某次我在地鐵站搭電梯，有個男的對我說：「我可以問妳一個問題嗎？是關於我的生意點子。」我熱情地回應，穩穩地亮出了生意頭腦，準備好提供協助。他講了他的點子，我則開始給予建議。下一刻，他問我從哪來……然後向我要電話號碼。當我發現自己遭到唬弄，那天也不會對任何新商業帝國做出貢獻時，我就不高興了。這點突顯出為何兩人共享的時刻，比預先準備好的開場白更適合用來展開對話。

三、你詢問人們的意見和喜好，這經常導向自我揭露。當人們透漏自我時，你就能更快速地建立和諧關係，這也可能觸發比單純談論天氣還更有趣的對談。如我一位客戶所說：「我不喜歡閒聊，但我喜歡道具式對話。」

好啦。很簡單。其實，它簡單到感覺起來太顯而易見了。我要你做的，僅僅是充滿自信地走進房間，接近陌生人並問對方一個問題，再傾聽他們的回應。當你坐在舒適的椅子上讀這些文字時，這看起來當然不會太難。現在，我們只需要從理論移到實作。練習過後，就變得更簡單了。第一步就是：練習，練習，再練習。無論你在哪，只要開始問人問題就好。

——挑戰：嘗試與某人建立和諧關係

在第一章中，我要你向陌生人詢問資訊。沒那麼難，對吧？現在呢，我要你將自己做過的事作為根基，試圖從中汲取出簡單事實外的東西。我要你嘗試和某人創造連結。

課題：在下週，嘗試每天與一個陌生人建立一次和諧關係。

你可以透過問問題，讓他們和你分享自己的喜好，再透過以下要點，從該問題建立關係：

一、**共通性**（Commonality）：「噢，我也喜歡那個」和「我以為我是唯一一個不喜歡那個地方的人」。

二、**自我揭露**：分享你自己某些私人特點，再讓對方也這麼做。「要走很遠嗎？我走一英哩後就會累垮了。」或是「你推薦在那該喝什麼？有你喜歡的嗎？」

當對方和你分享超出簡單資訊的事物後，就會建立和諧關係。他們會在小地方揭露自己的喜好和厭惡，都是與他們有關的特點。

那不必是改變人生的龐大揭示，我們只需要找尋那一絲額外的人性連結。

指導方針：

一、你得表明清楚，自己在問他們特定問題。別認為如果你只問到「一半」，就會讓自己受到拒絕的機會減半！

二、你還是可以用簡單的問題開始，像是問路。但目標是問出對方的喜好，像是：「你知道附近有哪些好咖啡廳嗎？你最喜歡哪間？」這會讓對方得到自我揭露的最佳機會，能分享關於自己的事。

三、問個開放式問題，如果你們倆都在興頭上的話，這就可能催生出小對談。

四、不要依戀對方在互動中的部分。你的課題是問某人問題。課題完成與否與他們的回應無關。成功一樣只與你願不願意嘗試有關。

範例：

・在咖啡廳裡：「你推薦哪種糕點？」
・在街上：「這附近有不錯的酒吧嗎？」
・在超市：「你試過這個嗎？」

我的客戶們通常認為，接近是整個調情學中最難跨越的絆腳石。在他們的腦海中，他們能想像自己一旦身處交談中，就能讓話題繼續延伸。畢竟他們和人進行過很多次交談，因此過往的經驗讓他們得到自信。但他們多常有接近別人的經驗？令人不意外的是，一想到第一步行動，他們就感到驚嚇。不只一名顧客曾說：「一進入交談，我就沒事了。一開始才是最難的部分。」當他們在腦海中合理化這件事的原因時，他們便會發現以下理由：

「我不想讓別人覺得我很詭異」

我從來沒聽過有女人這樣說，但男人常常說這種話。他們不想自覺像個混蛋，用不受歡迎的接近方式打擾女性出外玩耍的一晚。誰想當那種人？嗯，那是值得嘉許的態度。的確，如果你偏好的接近方式，就是走向完美陌生人並盡力模仿章魚，那你或許就說得沒錯。但你並不詭異。如果你用調情學的方式行動，就不會讓人覺得詭異。記好這項建議：問個問題，然後進行評估。此處的關鍵時刻就是評估，因為在你接近、第一個問題和她反應之間的空間中，你可以看出對方如何看待你接近的方式。怪人只想橫衝蠻幹，不在意也不會察覺對方是否喜歡他們的接近手法。

而這就是關鍵：如果對方的反應不好，你就該離開。問個問題有什麼詭異？如果對方產生正面反應，那自己就不是混蛋。害怕他人將自己視為詭異份子，害許多男人失去了大好機會：別成為他們之一。

「或許他不會喜歡」

這是男性「詭異」台詞的女性版本：這種想法認為，如果女性主動接近男性，對方會感到不悅。我們在第一章中已經討論過女性是否該主動接近對方，你也會記得本來就該如此。事實上，大多數男性都樂於接受。

自問這點：如果妳是女性，每次有男人接近妳時，妳都喜歡嗎？可能不會。有時妳喜歡，有時妳不喜歡，這取決於對方和他的手法。所以，妳怎麼會覺得男人們不會有相同感受呢？這裡沒有能夠一以概之的回應，但對每個人都能使用測試和評估方式。而且，如果妳在生活中其他方面都是個充滿自信的女人，如果你接近了某個男人，他卻不喜歡主動的女人，那這還算是好關係嗎？把這點想像成去蕪存菁的機制！

「一旦主動行動，我就會降低自我價值」

這是上述女性藉口稍微黑暗的版本：這種想法認為，當女人放鬆冰山美人的姿態，紆尊降貴與區區凡人交談時，就會使男人太容易得逞，並因此影響她的名聲。我依然不懂，主動的女人為何會對自身價值造成負面影響。我認為那只會為她加分。但這是在許多文化中傳承許多世代的故事。它的影響代表女人得保持被動，和停滯不前地等待。她們無法決定自己能和誰說話。如果妳發覺自己產生這種想法，就嘗試找出這種想法的源頭。妳真的認為妳想交往的男人，會用這種角度看待妳的價值嗎？

「他們會嘲笑我」

這是普世恐懼：男女都會讓他們的心靈奔向未來，想像他們接近的人以公開又不友善的拒絕方式羞辱自己。別仔細討論這種事發生的可能性（不太可能），只需要想你的心智在對自己做什麼：它捏造出了一段故事，在之中認定你會遭遇負面經驗。但它僅僅如此：只是虛構故事，出自對最壞的情況抱持的某種幻想。

對抗這股恐懼的最佳方式，就是迎頭面對它。在你的整體經驗中，加入接近對象時足夠的實際歷練。我保證，你會對大多數人產生的正面反應感到驚喜。關鍵是增加你的樣本數，這樣下次你的大腦開始說你會遭到嘲笑時，你的身體細胞就會用過去累積的所有正面經驗還擊。

「對方對我來說長得過於好看了，我配不上他們」

這是另一種普世恐懼。但我們已經討論過吸引力遊戲，和有吸引力的人與第一眼看來有吸引力的人之間的差別。再來，人們不是計分板上的小釘子，只能與吸引力與自己相等的人們交談。假若如此，俊美的人們就會感到極度無聊，也永遠無法和我們其他人談話。人們對「好看」的人有許多想像。我認識幾個好看的人，我也樂於報告說他們只是凡人。其實，他們許多人都不曉得自己屬於俊美族群。吸引力是主觀事物。別因為自己想像他們對自己的看法，就將他人拒於千里之外。反而該和他們攀談，看看他們的真實面貌。

「我會害自己跌進無法脫身的情況」

聽好了，儘管調情學和陽光、笑容和小狗有關，它也要求你別當傻瓜。我知道你清楚常識原則：別在暗巷中接近人，如果你身處夜晚或其他感到不適的時間，就別和人說話。如果有人用古怪的眼神看你，或是散發出不良氛圍，就離開他們。相信你的直覺。

不過，在「一般有效條件」下，你應該總是能脫離任何情況。為什麼？因為你不欠任何人任何東西。如果我說得過於重複，不好意思，但這種事值得一說再說：假設你遵循著當好人的指導方針，你就只該為自己負責，而不是對別人負責。所以，如果你接近某人，也問某人一個問題，然後對他們或他們的回應缺乏好感，你就沒有理由該留下來。除非你卡在水泥裡，不然你總能離開。其實在極端情況下，你可能什麼都不必說，轉身離開就行。在較不極端的情況中，說些模稜兩可的話就好，像是「好，謝謝」，然後轉身就走。如果你想知道該怎麼做，就看看第五章中的華麗轉身篇章吧。

你很快就會開始看出，接近人和開啟對話並不是你想像中的恐怖療程。很好！但然後呢？你該如何在超級市場談起杏仁奶的優點，並將它轉化為完整的調情式邂逅呢？你又該如何華麗轉身？翻到下一頁，就能看到所有答案……。

MOVING IT ON

第五章

繼續推進

我曾經要一個參加調情之旅的人向超市裡的女子搭話。由於我知道他特別喜歡義大利羊奶乾酪（pecorino），因此要他向站在乳酪櫃台旁的女子提問相關問題，是很合理的行為。他詢問了女子的意見，她則露出笑容回答。她接著問他喜歡哪種乳酪……他就走開了。當我質問他到底在幹嘛時，他就說：「可是呀，珍！妳訓練我去問問題，但妳沒訓練我走下一步呀！」我當然沒有。開放式問題的重點在於，我們不曉得話題會如何演變。但那也是樂趣所在。它會引導我們前往各種方向……。

但當對方丟了個問題給你，卻不曉得該如何回應，並不是少見的狀況。我看過它發生在調情之旅中，特別是在男性身上。他們經常會展開交談，並在接收到激勵人心的開場後，就轉身離開。我的理論是，這點源自「見好就收」的心態。他們對自己沒有在一開始碰上拒絕感到滿意，因此他們不想繼續這場邂逅，以免後來遭到拒絕。

對有些人而言，跨出下一步很可怕。但儘管我無法為你詳細剖析所有可能發生的交談狀況，並不代表我無法指引你進入邂逅的下一階段。

我說跨出下一步是什麼意思？調情邂逅會以好幾種方式進行：

一、**友善或調情？**他們回應你，但你看不懂他們的回應。他們到底有沒有興趣？你又該如何應對？

二、**拒絕。**他們做出負面回應，並拒絕你的追求。這感覺像是最糟狀況：你試過了，也盡了力，也遭到拒絕。在你開始為自己感到遺憾前，你與拒絕有關的調情學訓練就該生效了。

三、**華麗轉身。**他們做出正面回應，但你自覺沒有興趣。對受困而無路可逃所感到的畏懼，足以阻止許多人在一開始接近對方。如果某場邂逅對你沒有幫助，那你該如何脫身呢？

四、**綠燈。**他們做出正面回應，看起來深感興趣。太棒了。這不就是我們希望的事嗎？那你為何這麼害怕？萬一你搞砸了呢？

永遠不要害怕。我會指導你度過各種可能的結局。首先，你得認清這些潛在問題，都是未來的擔憂：如果它們確實發生，都只需要留待未來處理。到了那時候，當你走向某人時，這些事都還沒發生。別讓你自己受制於一堆只存在於想像中的未來結果。

一、友善或調情？

這是人們在這階段的遊戲中最常問我的問題。「我要如何看出對方在和我調情，或只是態度友善呢？」這是所有邂逅中的第一步：判斷對方是否對你有興趣（同樣重要的是，**你**對**他們**究竟有沒有興趣。有時我們太過專注於確保自己表現迷人，卻忘了考量自己是否喜歡這個人）。

為了判斷興趣，你只需要傾聽他們。接著做出回應。聽起來很簡單，對吧？理論上來說，沒錯。實行上卻比較難。為什麼呢？因為要傾聽與回應的話，你就得處在當下。我們很少待在當下。特別是當我們感到緊張又不自在，面前的對象又擁有我們喜歡的基因時。傾聽，積極地聽，這代表不只實際「傾聽」，同時也表現出你正認真地聽。注視某人的雙眼，點頭，用你的臉部表情對他們所說的話做出反應和回覆，這一切都是你們共享時刻的一部分。

在人類學中，我們有種叫**參與觀察法**（participant observation）的工具。傳統上來說，人類學家們用它來參與文化，但不過於深入其中，以免害他們無法觀察情況。它能幫他們保持隔離自身心理上，因此能更清楚地觀察事物。

這對我們的目的有什麼意義呢？當人們進行交談，特別是與他們覺得有吸引力的人談話時，就很容易感到不自在。但不**自在**這個詞是我們在觀察哪裡出錯時的第一項線索。太專注於我們自身，擔心我們所說的話，我們的外表，以及對方對我們的想法，就是事情開始崩壞的理由之一。

任何互動都只包含了有限的能量。你想把那股能量花在自己身上，讓自己感到不自在，還是想把它用在對方身上？參與觀察法是種能幫你轉移焦點的方法。你放肆的笑話讓他臉紅了嗎？當你提到自己喜歡毛絨絨的小貓，她心不在焉地撫摸自己的手臂了嗎？當你沒有專注在自己身上時，就能看到自己對別人帶來的效果。這就是調情樂趣的起點！

當我和客戶上街時，就經常使用這項工具，幫助他們練習接近別人。等他們和陌生人互動過後，我們就會再度集合。我問他們的第一個問題是：你觀察到了什麼？通常在開頭幾次互動中，他們不會注意到太多細節，因為他們還把注意力擺在自己身上。等到第三次互動後，事情才變得好玩起來。他們能開始更詳細的描述互動中的對象。由於他們不再那麼注意自己，因此減輕了自身的尷尬。人們很有趣：身穿三件式套裝的傑出英格蘭紳士怯生生地坦承，他熱愛熱巧克力，「我老婆覺得我喝太多了。」他透露道；當我們問路時，拿著五個購物袋、穿著超高跟鞋的嫵媚女子建議我們搭計程車，「走路太遠了。」；前軍事人員把精確方向告訴我們，接著在一小時後看到我的客戶時，便上下打量她，彷彿想說，「妳為何不在詢問的位置，小兵？給我做二十下伏地挺身！」神奇的是，當你運用參與觀察法，就能在短時間內得知關於別人的大量資訊。

——課題：加強你的觀察技巧

在上一章中，我要你去找陌生人，嘗試和他們建立短暫連結。現在呢，我要你想想那些人。你記得他們哪些事？如果你最近做過這種練習，或許就會記得他們大概的年齡、身高和性別。還有嗎？衣服、頭髮和外表特徵呢？你可以描述他們嗎？

你可能辦不到，因為如果你還是新手，可能就更專注在自己所說的話和緊張程度上，當下心裡或許還七上八下。換句話說，你能記得當下的自己，但不記得對方。

所以，我要你再試一次。這次我要你做同樣的練習：去路上找某人，並問他們一個開放式問題：「你可以推薦附近的好咖啡廳嗎？」，「你知道該怎麼去最近的地鐵站嗎？」當你問問題時，我要你注意他們外表中兩項特點。也許是他們的髮色，或是他們穿的鞋子種類。

觀察完後，我要你再做一次。但這次別專注在那人的外表特徵上，我要你嘗試理解他們在互動中的舉止。他們的身體語言看起來是開放或封閉？他們會因問題而貼近，或看似退縮？光透過觀察，你能從他們的反應中看出什麼？他們看起來是隨和，還是備感壓力，急促不已，或準備大笑？你看得出他們的性格嗎？

現在想想看，用這種方式注意對方後，你是否也會極度關注自己當下的緊張情緒？邂逅對你而言更好玩，或是失去樂趣？你覺得自己創造連結了嗎？

當你把注意力從你轉到他們身上後，會發生兩件事：

一、你沒有空間能想到自己。你把注意力擺在他們身上。

二、他們喜歡這樣！誰不喜歡有人全心聆聽和關注自己？

這就是我要你在下次邂逅嘗試的事。確保你全心參與交談，但不會沉迷到無法觀察自己和對方的行為。這代表如果他們忽然後退和盤起雙臂，你就能察覺這點，並思索你是否不經意說出某種讓他們反感的話。或當你說出某種魯莽的話時，也能觀察他們如何反應：他們變緊張了嗎？他們有大笑嗎？他們對你投射同樣的感覺嗎？當你對他們投注這種關注時，你覺得這會增加或降低你的緊張呢？你更喜歡調情邂逅了嗎？

當邂逅取得自我生命力時，你就會停止要求提醒自己停駐在當下，而是享受過程。

——處在當下

參與觀察法非常重要的一點，就是你得處在當下，以便使它生效。換句話說，你不會擔心自己剛做的事，或擔心下一步該怎麼走。如果你的心飄到未來或滯留過往的話，你要如何觀察你們的互動？

以下這些工具能幫助你：

一、連結你的呼吸。

二、做個手勢提醒自己處在當下。我朋友喜歡低調地在身旁彈一下手指，在心智運轉太快時提醒自己回神。

三、既然你已經控制住自己的重心，就把你的注意力轉回對方身上。注意他們外表特徵上的一項新特質。現在，仔細觀察他們的身體語言、他們說的話與發言方式。

H.O.T. A.P.E.

在我跨越四座城市（紐約、倫敦、巴黎、斯德哥爾摩）的研究中，大多受訪者都說，很難判斷友善與調情之間的差異。巴黎是唯一的例外，有位巴黎男性解釋道：「如果男人看到一位美女，他就永遠不可能表現友善。他永遠都會調情。」在偏好微妙細節的文化中，就更難判斷人們是友善或在調情。比方說，幾乎所有在倫敦與斯德哥爾摩的男性，都覺得經常難以判斷這點。「女人不該這麼靦腆，男人則不該麻木不仁。」這是一位倫敦男性很有幫助的的建議。在我進行的所有調情研究中，我最喜歡的發現是「事實」，大量倫敦男性也呼應了這項答案：你能看出某個女人在與你調情，因為她會摸自己的頭髮。唯一的問題是，這完全出自想像。沒有記錄指出有任何倫敦女性做過這種事，至少在故意調情時不會這麼做。

因此不令人意外的是，當兩性判斷出錯誤訊息時，都會變得非常緊張。相同地，察覺自己發出的信號，就能確保自己發出計劃中的訊息。心不在焉或對自己的計畫守口如瓶，都對成功調情不利！

在我的跨文化調情研究中，我發現當對方向自己調情時，人們有六種方式能發覺這點。人們也透過這六種方式傳達自己對他人的興趣。我創造出 H.O.T.A.P.E. 這個縮略詞，做為對調情訊號的拆解。

・幽默
・開放式身體語言
・觸碰
・注意力
・接近度
・眼神接觸

讓我們一個一個談。

H：幽默（Humour）。幽默的好處能以不同方式運作。如我們所見，每個人都說他們在找某個有「良好幽默感」的人。我們也提過，我們指的是某個和我們有相同幽默感的人，也是能一起開懷大笑的人。幽默是去蕪存菁的優秀機制，能判斷出誰是好對象。當然了，他們可能有很棒的髮型，也和你一樣喜歡乒乓球，但如果你每次酸言酸語後，都得補充「只是開玩笑」的話，你能想像接下來二十年都得這麼做嗎？不過，如果有人努力向你拋出他們所能想到最棒的台詞，你也立刻接招並順勢回答，那就是好現象。或者，你可以像倫敦男性一樣，如果「我的爛笑話讓她大笑」，就知道她喜歡你了。

所以，這個人有沒有試圖對你講笑話，也試著在你們之間創造出共享空間呢（這點與對房間裡的所有人說有趣軼事相反）？如果有，這就是很棒的現象。

O：開放式身體語言（Open Body Language）。暫停並偷看一下。身體語言讓你知道和自己交談的對象有關的哪些事？如果他們擺好姿勢，不只面對你，連雙腳也朝向你的話，這就是正面訊號。為何是雙腳呢？這是個有用的小提示：如果雙腳對準你，就代表對方喜歡和你交談。如果雙腳朝向別處，模擬出準備迅速離開的姿勢，那他們就可能在計劃脫身方式。

相同地，如果他們把手臂環繞在胸前，或是雙肩稍微轉離你，那麼他們就不太有興趣。

T：觸碰（Touch）。這是重點。「這使你成為罪人。你一觸碰對方，就算是調情了。這點無從否認。」有個朋友這麼說。對，你們之中有些人可能天生喜歡肉麻擁抱，但如果有人碰你，就有很高機率代表他們在調情。觸碰也會釋出催產素（oxytocin），也就是當我們開心時會分泌的賀爾蒙。在某場實驗中，許多夫婦們進行了溫暖的觸碰練習，他們在活動中摸彼此的脖子、肩膀與雙手，而比起沒有參與活動的夫婦，他們的唾液中產生了更多催產素。這代表觸碰彼此的人們，體內有更多使人愉悅的賀爾蒙在流竄。所以，如果某人對你伸手，大致就代表他們不只想要友善地聊天。你想不想讓這件事發生，就取決於他們知不知道該如何妥善運用這項工具。也取決於你覺得他們好不好看！

A：注意力（Attention）。這似乎是明顯答案。如果對方對你投以比其他人更強的關注，就是非常好的現象。有名倫敦受訪女性說道：「如果他對整群人講故事時，卻對妳說得更詳細，妳就能知道他在調情。」或以某位倫敦男性的說法，「當你身處晚宴，也知道自己該對兩旁的人投以同等關注，卻只想和其中一人說話。」你就知道自己對某人有興趣了。

許多人坦承，觀察他人發生遠比自行注意到這點還容易。當你處在那一刻時，就很難維持自己的觀點，這也是能證明參與觀察法是有用工具的另一項絕佳範例。但如果你忽然發現，你們倆陷入了迷濛薄霧中，剩餘的世界則暫時溶解消失，那你就會明白當下確實產生了共同注意力。

P：接近度（Proximity）。這點有兩種不同的層面。如果當你剛瞥見某人時，他們位於房間另一頭，而突然間，你發現他們離你更近，他們就可能有不錯的理由去變換地點……就是你！他們有可能準備好調情了。

但你也能從他們和你說話時佔用的空間，看出對方是否在調情。如果他們站得比平常稍近，就可能是種跡象。關鍵在於透過傾身靠近並輕聲細語，創造更親密的空間，讓你們倆的雙臂能輕柔地摩擦彼此。站得離某人很近的其他好處，是能聞到彼此的氣味。聞到對方的氣味，可能會在你沒察覺到的狀況下發生，除非對方擦了很濃的香水，或是午餐時吃了很不錯的鷹嘴豆泥（注解：代表有很多大蒜）。費洛蒙近來成為發燒話題，但有些科學分析確實能佐證這點。瑞典研究人員使用腦部顯影，找到了新證據，證明男女確實能收發潛意識氣味訊號。由卡羅林斯卡學院（Karolinska Institute）的伊凡卡・薩維奇博士（Dr Ivanka Savic）領導的科學家們，發現賀爾蒙般的氣味會「啟動」大腦的下視丘（hypothalamus），正常氣味不會觸動這個器官。

那股甜美的香味是什麼？就是你和成功調情的氣味。

E：眼神接觸（Eye contact）。在我的研究中，這是討論度最高、也最有效的方式，能讓人們察覺某人正在調情。經常有人提起「意義深遠的凝視」或「流連忘返的目光」。眼神接觸相當強烈，令某位女性建議完全避開這件事：「妳不能在巴黎和男人進行眼神接觸，不然他就會用雙眼鎖定妳。」我們已經討論過，房間另一頭的眼神接觸能揭開一場調情邂逅。但人們在交談中做出的眼神接觸次數，也能作為他們的興趣指標。如果他們掃視你身後的房間，那他們就不可能把調情能量聚焦在你身上。但如果他們把目光專注在你身上，不只眼神發光，還不斷與你眼神交會，那你自然取得他們的關注了。

當所有 H.O.T. A.P.E. 跡象出現時，你該做什麼呢？其中一名紐約受訪者對此有完美說法：「你該繼續增加賭注。你看，他們也看。他們靠得更近，你也靠得更近。他們碰你的肩膀，你就摸他們的手。他們說了好笑的話，你就笑……」我們懂了。

錯誤起點

萬一你正談得起勁，話題卻突然灰飛煙滅呢？前一秒還在互相鬥嘴，下一秒一切卻戛然而止，你們用盡了話題，兩雙眼睛環視房內，找尋下一個可談的主題。如果這種情況發生，就放鬆點。回到基礎上：問他們一個問題，看看會發生什麼事。什麼問題？每個人都知道這個問題的答案：問對方關於他們自己的事。有種建議是：「你會做什麼娛樂？」記得我們怎麼形容社會傳染嗎？當他們對自己在犬隻救援中心的滿意工作高談闊論時，你得成為他們好心情中的一部分。他們很快就會想修剪你的指甲，還想把你的外套洗得亮晶晶！

小心別犯下這種錯誤：無所不用其極地避免在交談中產生斷層。這通常代表你佔據了大多談話空間，讓對方完全插不上話，以免產生令人畏懼的尷尬沉默。如果你和不認識的人交談的話，對話中很自然會出現古怪的結巴。別害怕偶爾出現的停頓，它們能讓對方有空間提出問題或引導話題方向。不過，如果你得收拾大部分殘局，就得想想自己是否為了讓對話進行，而做了太多。這可能代表這場交談已經壽終正寢，該離開了。

——我該如何得知他們是否單身？

這是我們都想避免的事：你以秋波送情，露出魅惑笑容，並說出你最有趣的俏皮話，卻在自己的興致攀升到最高點後，發現對方有交往對象。如果他們還故意避開這點，企圖撒謊的話，情況就更糟了。

我避免這種情況的祕方，就是問以下問題：「你上週末有做什麼嗎？」這也是個好問題，讓對方有機會談論自己有興趣的事。

但讓問題具有特定性（他們**上週末**做了什麼？），代表由於事件發生在過去，就很難讓他們在當下說謊。

而且，無論這個人單身或有對象，你都能從用語中看出端倪：「我們」，或是活動：「去我孩子的鋼琴獨奏會」。你也能以輕鬆的方式揭露任何對方藏起來的伴侶。

二、拒絕

對許多人而言，他們最大的恐懼是在付出心力後遭到拒絕。但深吸一口氣，再仔細想想。這是壞事嗎？

在第一章中，我們已經談過拒絕和為何不須畏懼它。讓我們提醒自己諸多原因：

- 這是良好的去蕪存菁過程，能幫忙刪去不適合你的人們。你不會想在不恰當的人選身上浪費時間。
- 這不代表你的整體性格。接近陌生人時，你不認識他們，他們也不認識你。目前與這人的唯一互動，要不只是問了個問題，就是短暫交談。
- 你的受傷程度和投入的時間，應該要有直接關聯。在長達六個月的交往後，拒絕可能會使人心痛，但如果只經過兩分鐘的交談呢？當你的投入幾近零呢？
- 就因為這人不是好對象，並不代表你是個失敗者。他們怎麼可能都是好對象呢？

但萬一我跟你說，拒絕也能強化自信呢？我曾擔任一個三十多歲女性的僚機（wing-woman），她總是覺得脫離舒適圈和接近人很困難。我仔細教導她調情學原則：女人完全可以主動接近對方。當你用調情觀點來看這件事時，就沒有壓力。她只需要問個問題。我們一起踏進酒吧，她則看到某個長相令她喜歡的人。我派她去接近對方。她一下子就回來了，我也只能猜事情進展得不順利。令人訝異的是，她滿懷熱情，但不是因為對方產生了興趣。他沒有興趣，但他的回應似乎不重要。讓她感到最興奮的，是她自己的行為。她勇於接近對方，而當她遭拒時，猜猜發生了什麼事？她發現這並沒有傷到自身感受。她在腦中累積的痛苦，其實什麼都不是。

這是我在調情學客戶身上，一再看到兩點特質的具體化現象：

一、遭拒的**恐懼**比**現實**強大。

二、實踐我們想做的事所帶來的強化感和自由，蓋過了其他感受。

這名女性下次在酒吧中看到神祕陌生人時，就會更勇於去打招呼。她知道一個強大的祕密：拒絕不會傷到人，因此她沒有任何損失。拒絕總會發生。你處理拒絕的方式才重要。

三、華麗轉身

但萬一狀況恰好相反呢？假如是你想脫身呢？你看到房間另一端的女人，便露出笑容，走過去問她問題。現在她熱情地談天說地，但你明白儘管她似乎人很好，你的任務卻已經結束了。問題是，她才剛開始行動而已。你自然不想當壞人，但你也不想因為禮貌，而整晚都和這個人困在一起，或是更糟的情況：和對方約會。

我認識的某位女性曾很期待她的辦公室慶功派對，她將此視為優秀的調情機會。她和某個離婚的同事坐在沙發上，準備好抓住時機調情。問題是，他認為這是讓她看手機裡每張孩子照片的機會。聊了五分鐘後，她就發現自己對他，或他女兒芭蕾舞表演的四百張照片毫無興趣。她為何逃不了呢？

我曾在某場派對上介紹兩位朋友碰面，也很高興看到在近一小時後，他們也依然在聊天。當我終於和我朋友獨處，並興奮地問她對提姆的感覺時，她回答：「噢，他很好，但不是我喜歡的類型。」那她為何在廚房裡和他聊這麼久呢？「我不想太無禮。」

這裡的狀況是，人們自認好心的態度會困住自己。我說「自認」好心，因為如果你用不同角度來看，就會發現：讓事情拖得過長似乎不是件好事。人們讓不同的情緒和成見阻擋他們前進。讓我們來仔細看看這件事。

首先，你也值得對自己重述這點，**你不需為其他人的情緒狀態負責**。在任何邂逅中，對，你確實有身為人類的責任：考量其他人的感受，不該無謂地無禮或刻薄。但光是和某人短暫談談，不會讓你負責守護他們的感受。如果我們都掌握自己，我們就不會這麼受限於他人。

第二，如果你擔心要脫離某人，那**你就是向對方妄下論斷**。你把自己的思緒放進他們的腦海。你覺得他們會抗拒的事物，對他們而言可能只是當晚的一部分。

第三，如果你遵循了調情學的宗旨，那**你就還沒「帶領他們」**。你問了他們一個問題，再評估；再問他們一個問題，然後評估。在某個時間點，你明白到這對你沒有幫助。你沒有大張旗鼓，做出誇張承諾並撲向對方。你只是進行了交談。

第四，當你受夠了卻不終止交談，那**你到底有多「好心」呢？**想想上述的範例。我朋友覺得當她和提姆待在廚房時，她做了正確的事。但事實上，她對他做了什麼？她很早就明白自己缺少戀愛情感。半小時後，她完全失去興趣。從那時候開始，她做的就是汲取他的時間，而他其實能把這些時間花在和別人創造真正的連結上。拖延無效的邂逅，對任何人都沒有幫助。

最後，**對自己誠實**。我們常常不願意脫離別人，因為我們把對方當成救生筏，也是某個可以緊抓的人，這樣我們才不會獨自漂流在外，直到有別人出現。這不太好心，對吧？

如何脫離？

所以啦，上述是你在結束壽終正寢的邂逅時，不該感到任何困難的理論性原因。實際上，你該說什麼呢？你需要假裝罕見疾病突然發作，和朋友眼神相交，或假裝你的手機響了起來，再往舞台左側迅速脫逃嗎？

不。一句萬用的「真高興見到你，希望你今晚玩得開心」就夠了。意思清楚且友善。如果他們堅持繼續，也沒打算讓你離開，那你或許得重述這句話，或用不同方式解釋：「我要去和大夥聊一下，晚上好好玩呀！」

人們似乎覺得如果要脫離對方，就得完全離開活動。客戶們曾告訴我，在脫離某人後，他們得悄悄溜到房間邊緣，假裝自己隱形了；更糟的是，你可能會離開該活動，以免再度碰上對方。你有權結束對話。你不需要假裝消失！

接受訊號

儘管大多人怯於被視為咄咄逼人或入侵了別人的空間，還是有一小群人拒絕接受明確說詞，別當這種人。不久前，有個朋友和我去了葡萄酒酒吧。續點時，有兩個男人過來找我：「妳可以告訴我，哪些是最好的葡萄酒嗎？我們不太懂酒。」我心想，手法不錯。我希望有更多人會這樣做。我們花了幾分鐘聊格德約（Godella）葡萄的優點。接著我發出邂逅結束的訊號：「好啦，我得走了。我朋友在等她的酒。希望你們喜歡我的推薦，晚上也好好玩。」一直到此時，一切都依循調情學的哲學進行：加入談話，找到共通點，再說過程很有趣，但現在結束了。

我則回到我們的桌邊。十分鐘後，我朋友和我正在深談，打算和彼此好好聊天，也正在講一段故事。我們沒有發出象徵可接近度的訊號。所以當男人和他朋友走向我們時，我從眼角注意到他們，並刻意不做眼神接觸，希望他能接收到訊號。他沒有，這次當他接近時，就打斷了我們的對話。我用友善的口氣對他說，我們正在談事情，而且出來是為了與彼此聚會。

「所以，妳要我們滾嗎？」他說。

「這個嘛，我不會這樣說，但沒錯。」

三十分鐘後，猜猜誰又來了（他朋友睿智地不和他一起）？這次他下的賭注，足以擊垮最愉快的調情者。「我學過，男人有責任打擾女人。」

我不曉得是誰教他的，但我希望這些人能夠住口。因為這樣調情才不對！（好笑的是，所有在紐約調情過的人，都會對他的態度感到熟悉。我們案例中的狀況並非完全相同，但當地想法是：好看的女性一定會有群想取得她們關注的男性追在身後，只有毅力最強的人會勝出。依我看來，這種想法能毀了許多美好夜晚。）

我們能從這場邂逅中學到不少東西。他剛開始的接近手法不錯，即便他用錯了調情方式，互動過程也很正面，直到他搞砸了一切。

所以，我們來概括用於這些狀況中的調情學建議：

一、如果有人鼓起勇氣走向你，就善待他或她。我們要鼓勵更多人與彼此互動。假如我們對他們作出消極反應，這件事就不會成真。

二、如果是你想接近別人，就得觀察身體語言和眼神接觸的暗示。找尋表現出開放式身體語言的人。他們比較有可能願意交談。封閉式身體語言和不環視四周，代表人們不想談話。

三、不就是不。永遠如此。我們也該對那種訊號保持敏感，不只是透過話語，還得理解對方的可接近度訊號。

四、某人向你攀談，不代表你得花時間和他或她說話。除了該對其他人表現出的禮貌外，你不「欠」任何人東西。你可以華麗轉身，沒人該感到受困在談話中。等你玩完，一切就結束了。

四、綠燈

說夠消極氛圍了。我們來談談成功——最重要的，是你的成功！你在房間彼端瞥見某人。你們倆做了點閃爍的眼神接觸，足以讓對方站在靠近你的位置時，使你心中產生一點興奮感。對方現在走到吧台，並點了杯酒。你抓緊機會，站到對方身邊說：「這裡有什麼好喝的？」對方露出微笑並回答。從這裡開始，情況漸入佳境。你們都喜歡西班牙里奧哈酒（Spanish Rioja），跑過半程馬拉松，但也喜歡在下雨天看本好書。當你說話時，便偷偷摸摸地逐漸逼近。兩人之間有許多笑容與眼神接觸。手臂也肯定感受到好幾下輕觸。所有H.O.T. A.P.E.訊號都出現了，情況進展得不錯……。

但忽然間，狀況好得過頭了。糟糕，緊張情緒開始浮現，你該如何在不搞砸一切的情況下繼續呢？

首先要記得，**在那當下**，除了好好享受外，你不需要做別的事。**注意交談的自然心流**與交談的內容。比方說，如果你在吧台旁談話，你的邂逅就會有天然中止點。你沒辦法老是待在吧台，讓全身灑滿酒液，而雙方的朋友都在房間另一頭瘋狂示意自己要渴死了。但你或許也不該忽然向對方索討電話號碼。沒關係，你能在不結束整件事的狀況下離開：**表明你的意思**就好。「我得把這些酒拿回去給我朋友們，但我很希望之後能再和你見面。」或「我聊得很開心，或許我等會中間再來找你？」重點是讓這場邂逅留下開放式的正面氛圍，以讓你準備好面對下一場邂逅。你之後可以再續前緣。

別對自己持續施壓，而毀了你的心流：「我要如何讓這關係變成約會呢？」，「我怎麼能確保他真的喜歡我？」，「我該怎麼確保這個人成為我未來孩子的母親呢？」如果你和對方都享受這段邂逅，那我們當下就只須注重這點。讓你自己沉浸其中。或是像我某位紐約受訪者所說：「有時候調情就夠了。」

有時候調情可能就夠了：你不需要老是訂下約會或拿到號碼。但如果你在找尋更深層的關係（這本書就是為此而寫），那你就得變得大膽無畏。這是你該挺身而出的時刻。你得讓對方知道你對他有興趣。

然而，我發現許多人此時會感到緊張。目前為止，調情學的哲學都很溫和，不只循序漸進，也免除壓力。而現在我告訴你，你得大展身手，讓對方知道你對他們有興趣：你有戀愛意圖。這可能很嚇人，特別是對某些族群而言；他們絕對不願對吸引自己的人承認心意。但我將這點描述為「大膽」而非「勇敢」，是由於一項原因。因為，事實上沒什麼好勇敢的。為

什麼這點很嚇人？有什麼好怕的？

首先，你給他們的是讚美：你喜歡他們，也想更了解對方。就像我們對別人微笑時一樣，對方也可以自由做出反應。最糟的狀況是什麼？是你從他們身上感到的吸引力，和他們從你身上感到的吸引力之間的不平衡嗎？這個嘛，我們知道不必害怕拒絕；它是能剔除不適任對象的好工具。如果你向某人明確表達自己的興趣，對方卻不予以回應，也沒有關係。這與找到好對象有關，而不是累積一堆覺得你火辣的人。此時的心理模式應該是：「**我覺得這個人很有吸引力，也不怕讓對方知道。**」

所以，你該如何展現興趣呢？

你不該想：「我要怎麼讓這個人覺得**我**有吸引力呢？」而該想：「我要怎麼讓這個人感到特別呢？」此時 H.O.T. A.P.E. 再度成為你的朋友。先前，你用它嘗試辨識別人對你是否有興趣。現在，你能用它來突顯自己對他們有興趣！具體來說，此時能傳達確切興趣的兩項重量級工具，就是**觸碰**與**眼神接觸**。它們是你調情武裝中的最佳武器，但也應該使用完整的H.O.T. A.P.E.。

幽默讓你判斷出對方是不是適合你的好對象，而大笑這種行為會使大腦釋放出腦內啡（endorphin），使我們和他們產生愉快感。腦內啡的力量不可小覷。牛津大學（University of Oxford）的人類學家羅賓・鄧巴（Robin Dunbar）說：「我們認為腦內啡激增帶來的鏈結效果，能解釋為何笑聲在我們的社會生活中扮演這麼重要的角色。」如果你想用幽默吸引他們的話，我可以建議你講個關於雞過馬路的笑話嗎？沒什麼比那更好笑了。相信我。

你得確保自己的身體語言保持**開放**。你可能會覺得緊張，並在胸前盤起手臂，那是帶有自我安撫意味的潛意識手勢。但當你安撫自己時，對方會將之詮釋為「走開」。這不是你想傳達的訊息，對吧？

如我們所見，**觸碰**是很棒的象徵動作。它能在對方身上產生生理層面的感受，也彰顯出你的明確興趣（這是好事，記得嗎），但你得明智地運用觸碰。這不代表你能隨意伸出鹹豬手。你得注意身體上有哪些部位調起情來很好玩，還有哪些部位完全不該碰。廣義而言，雙臂、肩膀和背部都行。至於其他部位，就得等待對方邀請。一般來說，觸碰肩膀或手臂高處較為友善。越靠近手的碰觸，調情感就越強。如果你想展現興趣，就在讚美對方時輕拍對方的手。或是當你經過他們身邊時，輕觸他們的下背部。如果你走在他們身後，可以輕觸他們的下背部，讓他們得知你和他們在一起。當你從桌邊站起來後，你可以在傾身時把一隻手擺在對方的上背部，望著他們的眼睛，向對方說你很快就會回來。

老實說，我不想聽到你隨機亂摸人。正確使用時，觸碰就成為強大的工具，但一旦誤用，狀況就會變得很糟。因此你得對情況保持敏感。如果你已經處在情調高漲的拌嘴過程中，那很好，觸碰他們的手，讓情況變得更有調情意味。但如果你還沒建立起和諧關係的話，就打住，這就是界線。兩人間已經有化學反應的話，觸碰最能提升其中效果。它能建立在吸引力的基礎上，但不能作為起始點。和往常一樣：測試，然後評估。在評估的空間中，你可以檢查對方是否接受你的觸碰。如果他們喜歡或對你微笑的話，就會做出回應。

確保你全心**關注**對方。有時候，當我們緊張時，就容易透過環抱雙臂，或與對方維持破碎的眼神接觸，同時則環視房內。這些行為讓我們感到更安心，卻會使對方覺得我們沒有專注在他們身上。讓他們察覺你想聽他們說的話。記好了，你想讓他們覺得特別。

就我們所知，**接近度**是另一種強烈訊號。如果你想表明興趣，就得確保你站得夠近，足以讓你在某個時間點往對方耳中輕語情話。但那也是難以處理的招數，因為人們對個人空間的偏好各有不同，這點取決於許多變數：文化、性別、身高、兄弟姊妹人數、心情和對你感受到的吸引力。有些人對個人空間很敏感。有名來自紐約的女性受訪人曾說：「他們在你的個人空間中。你要嘛介意，要嘛不當一回事。」因此參與觀察法是有用的工具。盡力向對方傾身，但注意他們的反應，並隨機應變。

至於**眼神接觸**，我們不想讓你忽然開始試圖催眠別人。和觸碰一樣，眼神接觸是一段連續體中的一部分：橫跨房間的目光，與當你加入談話時交會的凝視。到了此時，你應該直接注視對方。通常，傾聽者會把百分之百的時間用來和說話者做眼神接觸，說話者則會把八十％的時間用在眼神接觸上，有時會往身旁看一眼，但會迅速恢復凝視方向。你可能也會自然地這樣做。邂逅越有情調，眼神接觸就越容易百分百聚焦在對方身上。

——H.O.T. A.P.E. 生效

H.O.T. A.P.E. 有種額外好處。它能將調情化為良性的有趣遊戲。這點能消除壓力。一位客戶告訴我，她和她朋友們前晚出去玩。其中一個朋友鼓起勇氣說：「我要去H.O.T. A.P.E. 那個人。」（看吧，它還能當動詞用。）幾分鐘後，她有些沮喪地回來：「他沒興趣。」

「這個嘛，」我客戶問：「妳有H.O.T. A.P.E. 他嗎？」

「我想有吧……」

「妳有說點笑話來破冰嗎？」

「對，我猜有吧。」

「妳沒有盤起手臂，對吧？」

「沒有，我有確保自己打開雙臂。」

「觸碰呢？妳有碰他的手臂嗎？」

她想了一下，接著露出微笑。「沒有，我沒碰手臂。難怪啊！」

接著她們倆放聲大笑。忽然間，原本像是令人撕心裂肺的拒絕，現在只成了好玩的遊戲。妳忘了出手，所以才沒有「贏」。

魔咒

H.O.T. A.P.E. 涵蓋了能表達你興趣的無聲手勢。但你說的話自然也有影響力。這或許很顯而易見，但在調情時，你得同時考量交談話題與身體暗示。我的某位研究受訪人這樣形容：「如果他們在和你調情，就不會談論天氣。」記好了，你的目標不是在交談中讓他們覺得**你**更有吸引力，而是讓**他們**自覺有吸引力。

有兩種方式能讓對方自覺有吸引力。最明顯的方式是**讚美**。由於你是個聰明人，我確信你很快就能學會這招（對，這就是讚美）。

讚美的重點在於，它們應該出自特定時刻，也得帶有真實感與自發性。因此我得警告你，我在下方列出的讚美在本文中會顯得老土。我只想給你一些範例，來解釋我的意思。你可以改變它們，以便用於你的情況。以下是表達良好讚美的關鍵原則：

一、如果你覺得某人有吸引力，就該想想對方的優點：他們的微笑、雙眼和敏銳的幽默感。何不告訴他們呢？我們傾向阻止自己，別這樣做，把話大聲說出來，「你的笑容很棒。這讓我覺得你想搞點事。」

二、只有真實的讚美才有效，說出你的心底話，「我超愛你的看法。讓人耳目一新。」

三、表現真實感的其中一種方法，就是說出專屬某人的讚美。

「你的眼睛很漂亮」，同樣可以用在你的寵物鸚鵡上。因此，這句話無法讓某人感到特別。試試這麼說：「不好意思，你可以再說一次嗎？我忙著看你的眼睛，所以暫時沒注意到對話。」

四、讚美的重點在於讓某人感到愉快，而不是讓對方難堪。如果你讚美某人的身體，就專注在不特定的身體部位上，像是「那件衣服突顯出你的身材」或「你今晚看起來很帥」。

有些人說，當他們收到讚美時，會感到不自在。如果你是這種人，就想想為何會產生這種感覺。當有人向你說好話時，為何你會覺得不舒服呢？何不從另一種觀點看這件事？收到讚美就像是收到禮物。如果某人想給你禮物，你會收下嗎？所以啦，你為什麼要對讚美這麼做呢？你該**如何**接受讚美呢？你只需要微笑並說：「謝謝你。」

除了讚美外，為了讓對方感到特別，你該嘗試的另一件事就是**創造共享空間**。做法是使用概括式用語：「我們」。比方說：「我們該再喝一杯」或「我們有一樣的幽默感」，「像我們這樣的人老是會……」你已經試圖尋找過和對方共通的興趣，現在該做的則是掌握並利用那些共同興趣，讓它們成為你們**共享**的事物。利用概括式用語，加上真心讚美，你就能碰上潛在的另一半，而不只是朋友。

攤牌

任何邂逅都會在某個時間點逐漸停頓。如果你想再見到他們，就得讓自己步上火線並**詢問他們**。對某些人而言，無論談得如何，這點感覺都很可怕。

你可以用兩種方式攤牌：

首先，記得社會感染效應嗎？當人們在談論他們熱愛的事物時，就會表現得最為開放又正面。我希望你已經將這種法則運用在對話中，並討論起你們的共享熱忱了。假若如此，就**將你下一場邂逅連結到他們熱衷的事物上**。「我很少遇到有人和我一樣熱愛新浪潮（Nouvelle Vague）電影。里阿爾托戲院（Rialto theatre）正在上映一部很棒的影片，你下星期想看嗎？」或是「我喜歡聽你的卡波耶拉（capoeira）課的故事，他們會收初學者嗎？也許我有時可以和你一起去。」我發現在和我談過的對象中有種共同議題，他們都曉得該如何成功地推進局勢：「專注在你們倆都有興趣的事上，並由此發展。」某位住在斯德哥爾摩的調情者這麼說。

我對此最喜歡的範例來自我其中一場調情之旅。和往常一樣，我帶了一群人去超市，要他們用食物當作向陌生人展開對話的道具。有個女人在米飯區遇到了一位帥哥，並詢問對方煮咖哩該用哪種米最好。結果他是個咖哩老饕。在一段關於印度香米（basmati）的熱情對話後，他提議兩人離開超市，到充滿香料味的地方去：他最喜歡的印度餐廳。我最後聽說他們在熟食區調情。

展現你興趣的另一種方式，則是**單刀直入**。不需要把事情變得複雜或鋪張。也不需要快閃族幫忙。說出你的感覺就好：「這是我很久以來談得最棒的一次。改天你想繼續嗎？」

——如何發出邀請

良好的調情邂逅含有未知氛圍。此時，你們倆都還不曉得會發生什麼事，或你們會為彼此扮演哪種角色：新朋友，好炮友，終身伴侶或只是調情好對象。但是，如果你有興趣再見到他們，你發出邀請的方式就能讓對方得知許多事。友善的邀請是邀他們加入你的網球隊。調情的邀請則是邀他們一對一打球。當你拉其他人加入邀請時，就會讓你的意圖看起來純粹出自友誼。我有位男性客戶讓我看他寫給某位女性的訊息。他剛開始做得很好。他問她週末是否想一起喝一杯。但最後，他臨陣退縮了。他最後一句話是：「我來看看其他人想不想加入。」他一下子就透過自保行為，從表明自己的意思，落到讓一切變得困惑。另一方面而言，如果你有興趣更深入地認識某人，可以特別安排一場團體活動，再聯絡他們，詢問對方是否想來。你看出差異了嗎？

所以，現在你已經清楚在下列情境中該怎麼做了：判斷是友誼或調情上的興趣，拒絕，華麗轉身或綠燈。好啦，抓起你的鞋子。該出門了，因為你的下一步就是讓自己進入這些狀況之一。接下來，你就能辨認自己的邂逅屬於哪種類型，再嘗試每種情境。現在呢，我們只需要找到練習對象。

WHERE DO I FIND THEM?

第六章

要在哪裡找真愛？

我最近對超過一百人進行了調情大師課程。事後，我們大多數人都去樓下的酒吧做更多練習。有個人來吧台找我，臉上掛著一抹大笑容。「這堂課改變了我的人生。我超愛的！」我總是喜歡在講座開始前盡可能見越多人越好，我也在上課前的會面中對他有印象。大多時間裡，他都獨自站在角落裡，只和他的手機互動。所以，當下一次有上百個單身者包圍他，他可能不會只盯著自己手機了，聽到這件事就令人感到開心。

他繼續說：「不過，我有一個問題。我覺得妳不太喜歡線上世界。但我想妳錯了。我活在線上：我在上頭購物、工作、社交和聯絡人脈。我看不出為何不能把妳的調情學原則運用在那。我可以和別人調情，也能至少把五種 H.O.T. A.P.E. 原則用在那裡和離線世界。所以，為何像我這樣的數位人不能在線上使用調情學呢？」

我當下的反應是，眨眼的表情符號異於兩人在擁擠的房間內互相打量，也永遠不會帶來相同效果。但他抓住了我的注意力。我自認心胸開闊，而我可能錯過某種要素的可能性，也激起了我的興趣。這情況也讓我想起，自己先前在斯德哥爾摩研究調情時發生的事。當時我訪問瑞典人如何使用眼神接觸：發生的情況，以及效用如何。他們都說眼神接觸是調情經驗的莫大部分。但我在瑞典待了幾週，從沒觀察到任何人對他人發出調情式的眼神接觸。在大眾運輸上沒有，在商店中也沒有，在調情式眼神接觸應該會發生的地點更沒有。我知道只該做一件事，當我進行實地調查，情況卻不佳時，我就得使用人類學家最喜歡的工具：當地知識。在這案例中，來自我兩位瑞典關鍵線人：克里斯多夫（Christofer）和馬蒂亞斯（Mattias）。他們和我進行角色扮演，並示範瑞典眼神接觸的模樣。動作微妙到我們得做兩次，我原以為是有人在自己附近眨眼的動作，其實是瑞典人對我做出眼神接觸。重點是，我沒認為那是眼神接觸，因為對我而言不像。我得明白**他們**用眼神接觸想表達的感受，才能理解這點。數位世界的調情和斯德哥爾摩的範例一樣嗎？我是否沒發現某種跡象呢？

事實上，我的興趣太過高漲，使我決定和那人再見一次面，以便進一步調查。隔週我們坐下來，討論他認為數位世界調情能為調情學帶來什麼。他提出了一些有趣的觀點，比如說，他看不出線上世界與離線之間的特定分界。對他而言，兩者已經合而為一。對我來說，這兩者截然不同，我則用線上世界來輔助我的真實世界體驗。就連我們倆用於描述事情的用語，都會突顯出我們對自己如何居住在這些世界中的不同觀點。他不喜歡我使用「真實世界」，因為這代表當他在線上時，就不處在真實世界。我反對使用「離線」，因為這代表線上才是預設模式，而一切都得與此作比較。不過他解釋說，自己能在兩個世界中運用調情學原則。我在某種程度上也同意這點。線上世界已經成為我們生活的一部分，我也不會改變你對此的想法。不然的話，我就成了偽君子；我已經有五年以上沒有每週去超市採購了。感謝你呀，超市應用程式！

我也完全接受數位世界充滿大量有效的溝通工具這點。你為何不能運用大多數這類工具呢？你在工作酒會上遇到某人，卻從來沒拿到對方的電子郵件信箱？當然該用領英（LinkedIn）試圖重啟連繫。在藝廊開幕時，和某個有趣的藝術家聊過嗎？那當然得去 Instagram 追蹤對方。在派對上和某個可愛女孩交換號碼了嗎？好，那選擇你的聯絡管道吧：Facebook，推特（Twitter），Snapchat，WhatsApp，微信（WeChat）。網路上有上百萬種方式能幫助你和人們重新聯繫，甚至能延長優秀調情互動中的刺激感。

甚至有可能再更深入點：調情學的目的是**最大化調情機會**。因為你自然在網路上待了很久，如果那些機會在線上出現，就別忽視它們。面對數位世界時，我們顯然得運用智慧。在我們生活中的其他討論區裡，人們能謾罵、胡說八道與煽動意見，更罕見的則是讚美，而一切都受到「匿名」的保護（我不敢相信居然還能辦到這點）。不過，如果你待在可信任的安全網路討論區上，自己也常去那閒逛，還發現自己認同某個人打出的每個字，還透過即時通訊軟體和對方交流了寶貴的智慧話語，好吧，或許可以提議親自見面來多做討論。（最好不要在暗巷或某人家中。我們要找的是潛在情人，不是拿著斧頭的殺手。）近年來我注意到最甜蜜的故事之一，是個關於某位馬戲團演員的愛情故事，她嫁給了夢想中的男人：對方是位書商，她已經追蹤他幽默的愛書者推特發文很久了。這聽起來像是個成真的浪漫喜劇，也是最崇高的美麗邂逅時刻。

但這其實並不是網戀故事。只有當她離開他的虛擬世界，並踏入真實生活時，才產生火花。她不斷試圖在推特上誘惑對方，但毫無幫助。只有在她帶著一袋甜甜圈，出現在他的工作場所時，一切才有了進展。在《衛報》（*Guardian*）關於他們愛情故事的專訪中，她將推特描述為：「它是我們的起點，但並不是不可或缺的一部分。」

這個範例能說明我和那位扮演數位大使的新朋友之間的意見分歧。他相信最優秀的網路邂逅能涵蓋所有調情刺激感，我則認為恰好相反。所有線上討論區和 WhatsApp 訊息，都無法與真實邂逅匹敵。我們得知研究指出，線上社交聯絡「並不能有效取代離線社交互動」。儘管充滿各種溝通方式，網路終究只是工具，僅此而已；它無法代替真實世界的體驗。

這也是個不該輕率使用的工具。人們很容易掉進線上溝通的兔子洞，而沒有掌握我們的立場。我們得到持續刺激與無思考狀態的迷人混合物。心理學家亞當・艾爾特指出，我們與螢幕的互動現在缺乏「中止信號」。直到最近，我們使用的媒體（像是書本、電影、報紙或電視節目）都具有天然中止點：節目播畢，章節結束，工作人員名單浮上螢幕。但數位世界是個無底洞：你可以永遠往下滑和點擊。我們在線上如霰彈獵槍般的專注，會消散與虛耗我們的調情能量。交談可能會在沒有特定結局的狀況下來回持續。有時可能很好玩，如果這讓你感到刺激，也很不錯；事實上，網路交通就是利用某種叫做「電腦勸導學」（captology）的概念而設計的。應用程式產生微小的習慣行為，像是往右滑或算「按讚數」，人們設計這些行為來製造短暫的多巴胺（dopamine）暴漲。生理與行為效果的結合，能導致強大的後果，保證能讓你繼續回來渴求更多。但這並非找到愛情的好方法。

如果你正處在虛擬調情的困境中，就該暫停一下，考量你的行為。你可以詢問自己以下的問題：

- 我在這裡花了多少時間？
- 這讓我更接近自己的目標了嗎？
- 我做這件事的理由正確嗎？
- 這讓我感覺愉快嗎？
- 如果以前感覺愉快，現在也一樣嗎？

時常檢查自己。固定自問這些問題。線上互動在砰的一聲中就會改變。

數位人猿

我的數位大使朋友深信，H.O.T. A.P.E. 涵蓋的所有調情強烈訊號（除了觸碰外）在線上依然可行。他覺得在虛擬世界中依然可以感受到成功的調情邂逅，但我不同意。比方說，H.O.T. A.P.E. 中的「H」代表幽默。你或許會對某人俏皮的簡訊放聲大笑，或是仰慕他們時機完美又優雅的推特發文。但這與共享對方的幽默感不同。有多少能進入真實生活？如果你在真實世界中遇見這個人，對方的俏皮話會不會變成警示的紅旗，象徵悲觀消極的牢騷鬼呢？對方需要多久才能想出精采見解？當你在線上讀到那段諷刺話語時，你自己提供了多少幽默？反過來呢？如果當你見到對方時，對方的魅力與俏皮話顯而易見，但無法用一百四十個字表達自己的個性呢？這個人還會特別顯眼嗎？

H.O.T. A.P.E. 中的「A」代表注意力，這也是你在線上無法準確判斷的要素。你沒辦法評估對方在虛擬互動中對你投注了多少注意力。感覺起來或許很特別，你的手機可能也因接收訊息而在口袋中震動，但就你所知，正在熱烈私訊你的人，也同樣對其他三人傳訊；或只是感到無聊，而在通勤時打發時間。在面對面邂逅中，身為對方注意力的接收者是特別的事，這是種禮物，你知道那屬於自己。你不需要在某人訂新鞋時，和吉米・法倫（Jimmy Fallon）的跳舞 gif 圖檔競爭。

我的數位大使主張要透過視覺引導虛擬世界。從他的觀點看來，由於人們會因和你互動而進入你的視線，因此可以在網路上模擬眼神接觸。舉例來說，對某人的貼文按讚，會讓你得到他們的注意。他們會透過視覺關注你。對我而言，當你和房間另一頭充滿吸引力的陌生人四目相交時，這無法取代兩人之間的火花。沒有程式開發者可以創造出能刺激多巴胺暴漲的東西。當你處在面對面邂逅時，全身器官為之一振，身體到大腦的注意力不斷高漲，該怎麼解釋此刻瞳孔擴張的現象呢？

我們不可能精準判斷線上互動的**品質**。網路只能給我們**數量**：如我的新朋友所說：「五分鐘內，你可以在線上認識五十個女人。時間上來說，這種投資報酬率比較高。」是嗎？當你從這麼大的範圍開始時，就會花很多時間削減目標數。更何況，邂逅數量和品質優良的互動完全不同。這真的是妥善運用時間的方式嗎？

你對線上任何人所能取得的唯一觀點非常狹窄：通常是種仔細呈現出的表象，只突顯出某些特質。同樣地，線上溝通也更為扁平。假設你和某人在線上進行風趣的親密交談。太棒了，真好玩！鍵盤喀噠作響。現在呢，假設你和某人在當地咖啡廳進行風趣的親密交談。兩人的笑聲很快就會加上較長的眼神接觸，這可能會讓你們頑皮地輕觸對方手臂，這可能會讓兩人的身體更靠近彼此。從此開始，任何事都有可能發生。至少，比你和鍵盤之間發生的事會來得多。因為線上溝通是線性行為，數位調情不只是關於兩人共同創造出某種經驗，而是每個人輪流行動，對方再做出回應。幾乎不可能創造出層次感，而創造層次感的過程正是創造出真實連結的方式。

能找出對方所有層次感和細節的唯一方式，就是面對面觀察。當然可以使用虛擬工具來維持初期調情中的刺激感，但如果你找的不只是電玩女友，就得離開螢幕，看看你在真實世界中燃起的火花。

——如何離開螢幕

看似有潛力的開頭，太容易化為一連串訊息、簡訊和線上互動，剛開始感覺刺激，卻從來沒有真正的結局。你來我往的虛擬交談很有趣，但如果要讓關係變得實際，你就得確保自己立刻把刺激感帶入真實世界中。

．為了避免陷入這種困境，你得保持堅定與主動。

．注意你在這段線上交談中投注了多少時間與情感精力。這阻礙了你的真實社交與調情機會了嗎？

．給自己適合你生活的最終期限。比方說，如果到了第二週，你的熱情訊息還沒有演化成見面計畫，就做點改變。

．和離線世界一樣，雙方能夠也該採取主動。

．同樣的規則在線上和離線世界都適用。牢記你的破局點。對方達到這種標準了嗎？尤其是，你可以和對方實際見面嗎？沒必要和待在世界另一頭的人相談甚歡，還希望能有進一步發展。

．就因為你狂熱地傳了兩週訊息，別因此陷入你已了解對方的迷思中。

我對約會網站和應用程式的第二項關切，來自人們的使用行為。我經常聽到客戶提到有人追蹤他們，或說對方會聯絡，但從來沒打來。人們不斷問我這件事：為何似乎有許多人習慣說自己會做某件事，卻從不行動呢？當我問他們在哪認識對方，便從不訝異地發現對方來自線上。無可否認地，當人們在沒有固定行為模式、也幾乎沒有行為後果的空間中互動時，就會做出不同舉止。這就是人性。

如果我在現實生活中引薦兩個朋友認識，其中一人卻憑空消失躲著另一人，那我能打包票，他們一定會要我為對方的行為負責，場面並不好看。或如果有人為你和母親友人的兒子或女兒安排約會，你就得相信社會規範（母親的說教也會加強這點）會影響雙方的舉止。但萬一是某個你在約會軟體上認識，名叫約翰或珍的人呢？對他們而言，你的臉只是他們上週看過的數百張臉孔之一。你們沒有共同朋友，若你們之中有人表現不佳，也不會有任何後果。禮貌和同理心有時會消失得無影無蹤，令人訝異吧？

想想看，在真實世界中，人們能在匿名狀況下四處走動嗎？很難，情況幾乎相反，我需要身分證才能買煙火。在現實世界中，如果人們使用假身分或創造適合自己的身分，難道不會惹上麻煩，也不會遭人質問嗎？不，所以為何我們要在不需要表現真實面的環境中，尋找真愛和建立真實聯結呢？當我們談到約會世界中「人們的行為」時，我們得認清事實：人們在數位世界（在這裡，你不見得需要當真實的自己）和真實世界中的行為之間有差距。

我知道群聚效應（critical mass）已經出現，也有比之前更多人在使用線上約會和約會軟體。我也看得出魅力何在：它讓我們感到自己積極主動，它方便又好用。我們只須待在舒適的沙發上，就能在毫無壓力的狀況下想出風趣回應，我們也認為螢幕能保護自己免於遭拒。但讓我問你一個問題：**這讓你得到自己想要的東西了嗎？**如果答案是「沒錯」，太好了。你或許可以停止閱讀了。如果沒有的話，就讀下去吧。

數位約會的演進

當你第一次用電腦時，你在哪裡呢？當時我十一歲。我經常在我小學的圖書館裡玩《奧勒岡小徑》（*Oregon Trail*）遊戲。電腦又大又舊，速度緩慢而笨重，也完美象徵我們與當時數位科技的關係。我將這稱為**數位前時代**（Pre-digital era），而如果你和我一樣出生於七〇年代，就可能有相似的經驗。

當你擁有第一個電子郵件帳戶時，你幾歲呢？一九九二年，我是個大學新鮮人。我認為這是**桌上型電腦時代**（Desktop era）的第一階段。儘管我很高興不需要拿過時的百科全書當作我的主要參考資料來源，我與數位世界的交流依然有限。我的電子郵件位址由我大學所提供的電子郵件帳戶組成，我還得去電腦實驗室才能登入。當時也沒必要檢查電子郵件，因為沒人用它們。

人們還是會在真實生活中碰面：在派對、酒吧和運動賽事等場合。

當我從大學畢業後，事情就開始改變，時間點也剛好與全球資訊網（World Wide Web）進入更廣闊的公眾領域相同。這是聊天室、Myspace和第一批約會網站的起點。這是股龐大趨勢的開端，開始將我們的真實世界社群移轉到線上。它也轉變了我們見面的方式。這是線上調情首度成形的時代。我將這時代稱為**桌上型電腦2.0時代**（Desktop 2.0.era）。

不過，這個時代可能催生出規模最大的行為變化，也讓我們跨入當今的**手機時代**（Mobile era）。蘋果在二〇〇七年發表了iPhone，第一台安卓手機則在隔年緊接上市。智慧型手機的市場滲透率從十％躍升到四十％，比史上其他消費性電子科技都快。在美國，使用率在僅僅三年前才達到五十％。想像一下，十年前幾乎沒有人擁有智慧型手機。

這如何影響了約會場面呢？

數位前時代：我們去派對和人們交談。

桌上型電腦 2.0 時代：我們在線上聊天室中見人。

除了擁有共同興趣和喜歡對方表達自己的方式外，沒有真正的配對標準。你或許會展開一段電子郵件關係。即便對方同意傳照片給你，你可能都得等上好幾週，才會得知對方的長相。這時代的心態是：「我在和一個男人聊天。我希望他很帥！」

接著線上約會出現了。現在有許多標準：勾選框和可供選擇的照片。這個時代的心態是：「我喜歡他的個人檔案。我該和他談談嗎？」同時也有很多溝通上的障礙：可能是付費會員制、滑過不同個人檔案、閱讀和建立訊息。

手機時代（現代）：只需要三個標準：照片、身高與體重。不需要使用批判性思維或任何過濾機制。人們只透過身體呈現自己。因此，問題變得不同。現在是：「他帥透了。我該和他睡嗎？」現在能立刻與人們聯繫。不再需要等待了。這種即刻聯繫少了耐心，多了期待。

這一切都是進步嗎？由你決定。

所以，該去哪裡找他們呢？

如果我禁止你使用約會軟體，也要你對在線上認識人保持謹慎，那你就能合理問我，該去哪裡找人調情。

簡單的答案是：到處都行。光是在這裡，我就能聽到你的抱怨聲了。我知道你在等待祕密地址，一打開門，就會發現所有天作之合的對象在裡頭等待，並對你敞開雙臂。抱歉，沒有這種地方。（但世上**真的有**聖誕老人，所以一切都扯平了。）不過，當你將調情學原則運用在生活中後，每天就都會看到機會了：從雜貨店到你的工作場所都有。

但我也明白，這看起來有點太單純了：並不是每個人生活的鄰里中，都會有適合他們的完美當地咖啡廳客人，他們的理想女性也不可能每天都坐在早上八點四十五分的火車上。你或許會想要更實際的提示。所以啦，以下是你最棒的兩個朋友：**共通性**和**接近度**。

共通性

共通性是個簡單有效的工具。你可能已經在運用它了（不過你或許還沒這樣看待它）。遇上新人時，我們經常做的頭一件事，就是找到兩人間的共通性：他們支持哪支球隊，在哪長大，你們有共同朋友嗎？

在我們搜尋伴侶的過程中，其中一項關鍵是找到和我們共享特質的人；相信這點並不極端。但為了有效運用這項原則，我得確保你用主動且有系統性的方式下手。

首先，**確保你做的是讓你快樂的事**，能滿足你和你的生活需求。你會找特定地點與活動，不只是由於你認為它們是單身人士的豐饒獵場，也因為它們反映出你的身分與你喜歡做的事。這代表你的生活並非找尋伴侶的大冒險，那經常會散發出焦慮與心靈貧乏感。但你反而該過上有趣而圓滿的生活。你要負責讓自己過上好生活，而不是找某人為你填滿空白。

接下來，**想想生活中讓你接觸他人的事物**：你的工作，你的社交生活，你的嗜好，你的熱情。你妥善利用這些東西了嗎？你錯過了調情機會嗎？舉例來說，你的工作環境中（辦公室飲食區，下一層樓，人脈活動）有沒有你曾微微注意到、卻讓對方消失在背景中的人？

全力運用你的興趣：想想你空閒時喜歡做什麼。如果答案是躺在床上看網飛的話，那你可能就得重新評估。反之，你可以加入電影社團：有同樣的娛樂，也一樣有舒適座位，還可能遇到其他影迷。如果你的嗜好感覺起來很孤獨，就看看它們是否能具有更多社交性：加入讀書會，經營社團，或上晚間課程。關注當地的球隊，我加入了公園裡的壘球隊，也總是少數幾名女性隊員之一。

目前都很簡單。但我們可能都有加入某堂課或團體，卻沒認識任何人的經驗。那是因為加入團體只是顯而易見的第一步。

最重要的改變出現在你的心態和行為上。我曾和兩位女性客戶一起在週末打網球，她們倆都在找戀愛伴侶。我覺得在公園裡花個週末打網球應該很好玩。當我們在週末尾聲喝咖啡時，我問她們是否有遇到任何好對象。她們說過程很棒，但她們沒遇到任何單身的人。「妳們是說妳們沒遇到亞歷克斯？」我問。她們搖搖頭說：「誰是亞歷克斯？」我不只碰到了俊俏單身的亞歷克斯，還得到了他的電話號碼，也安排好讓我們所有人下週末一起打雙打。**她們**為什麼沒遇到亞歷克斯呢？

這是最重要的一點：**共通性只有在你逼它生效時才有用**。這代表你得改變自身行為。光是和共享興趣的人待在相同地點，並沒有幫助。你也得敞開心胸：心胸開闊，讓你的身體語言保持開放，並願意與他人互動。這得是清醒的主動狀態。

當你進入環境時，不可能被動地希望每個人都會帶著一大抹笑容，並張開雙臂跑向你。因為這代表你會永遠獨自站在角落中，急切希望有人會過來和你談話。如果你不採取主動，就會冒著大家都做同一件事的風險：在自己的角落中等待，希望你能主動出擊。結果：停滯不前。態度主動並自行出手的話，就更有趣，也更有效。你或許不曉得未來的走向，但你才是能讓事情發生的人。

我有位男性客戶常常獨自跑步，由於他想認識更多人，便加入了跑步社團。但他不只是加入社團，他遵循了所有調情學原則：提早出現，在開始跑步前就和許多人交談，經常露臉以便讓大家熟悉他，並接近他覺得有吸引力的人。現在他經常和其中一位女性一同跑步。

在搜尋伴侶時用上共通性的優點，是它會成為你日常生活的一部分。你不需要造訪特定地點，特別打扮或做出特別行為。你只需要做已經在做的事，但得用更聰明的方法做。你照樣過自己的生活，但得注意觀察身邊的機會。

不久前，我和一位朋友參加了某場講座。當我們就座前，我環視周遭，想看看有沒有任何帥哥獨自坐著。我把她趕到一個外型有趣的男人身旁，接著我們坐了下來。我發現講者很可能會在過程中的某個時間點，要我們與鄰座自我介紹。既然我剛好緊鄰男子而坐，就向朋友提議交換位子，「這樣她才能看清楚點」。而演講一開始，我們自然得轉頭向鄰座打招呼。這讓我朋友和男子建立了連結，在中場休息時能繼續交談，我則離開去拿飲料。講座一結束，我就找藉口去洗手間，並在清楚他們有足夠時間交換電話號碼後，回去找我朋友。再度回到他們身邊時，我就聽到她說：「這個嘛，如果你把電子郵件給我，我就能寄更多我們剛討論的作家資訊給你。」

這肯定就是驕傲父母的感覺，「這不是很棒嗎？」當我們離開時，她說道，「我真幸運，剛好坐在這麼棒的人旁邊……。」

除了我是世上最棒的僚機外，我們還能從這篇故事中學到什麼？透過幾個簡單的步驟，你也能創造出「奇蹟般」的成果。但情境得靠你創造：坐在吸引你目光的人身旁，讓自己脫離大團體，只和一個人交談，詢問問題，交換聯絡細節，和抓住機會。我朋友告訴我，男子回覆了她的電子郵件，並邀她出去，也說他「得了解為何在這麼多人之中，他們倆居然會坐在彼此身旁。」噢天啊！他也這樣想？

接近度

接近度是另一項顯而易見但沒人充分利用的工具。這就是你或許該和工作時坐你旁邊的人保持較好關係的原因，而不是和三樓的人。不令人訝異的是，身體上的親近會導致心理上的親近，而人們已證明找尋潛在伴侶時，接近度相當重要。如果你想和某人發展更親近的關係，就得和對方互動，接近度也會催生這點。

——單純曝光效應

每天在通勤的路上，你都會看到同樣的面孔。當你在社區雜貨店裡進行每週採購時，就瞥見外表令你感到熟悉的人。如果我問你，你會說自己喜歡這些面孔嗎？或是比起你首次看到的面孔，你比較喜歡他們？心理學家說你會這麼做。

鮑勃．札榮茲（Bob Zajonc）進行的研究顯示，原因出自我們的認知系統，它使用親暱度來判斷事物的安全性。

如果你暴露在某種令人不快的事中，就會對它產生負面反應。

認知系統會儲存關於這些不快經驗的資訊，所以下次你又碰上時，就會立刻得到閃躲訊號。舉例來說，假設你在派對上遇到某個傲慢的大嘴巴，如果你又看到他，就會盡力避開對方。為什麼？因為一看到對方，你就會體驗到不快感。相反地，如果你暴露在令人開心的事物中，像是你早上通勤時碰到的西裝帥哥，認知系統就會認為它安全。下次你碰上他時，就會比第一次更喜歡他。認知系統用這種方式，告訴你它認為該物品安全。這也讓你稍微更能忍受早上八點的昏沉狀態。

聽起來很可信。但心理學家該如何檢視這件事？有群研究人員安排讓四名不同的女生（她們的外型相似）在整學期中固定上某堂課幾次。這些女生之一完全沒有上課，一人上了五次，一人上了十次，最後一名女生則上了十五次課。這些女生完全沒有和其他學生互動，她們只是坐在課堂中。

到了學期末，班上的學生們看到她們的照片，並用外表吸引力等數種標準評分。儘管學生們從未與這些女生互動，卻顯示出明確的單純曝光效應。也就是說，比起他們沒看過的女生，他們對自己看過十五次的女生打的分數更高。

大腦在我們不知情的狀況下做出的事相當有趣。但這對你和你的調情生活有什麼意義？這代表光是讓別人看到，就成了種強大工具。你越常讓別人認識自己（當然不要太急），就能增加對方對你的好感。比方說，如果當某人走進房間時，你習慣向對方做出眼神接觸並微笑，等到你走過去問對方問題時，對方已經會覺得自己已經稍微認識你了，這讓你得到比別人更大的優勢。或者當你每週採購或待在當地咖啡廳時，你可以向人們打招呼和微笑。下次你看到他們時，你就已展開建立和諧關係的過程，只因為他們已經暴露在你的陽光笑容中了。

如我們在單純曝光效應中所見，光是常看到某個人，就能讓你更喜歡對方。我們感到親近的，是自己先前曾看過的人，也覺得他們感覺起來最熟悉。事實上，大多大學友誼都發展於和彼此住得很近的人之間，住得靠近樓梯間和信箱的人（例：聚集點）會成為最受歡迎的住宿者。所以，這對你和使用接近度有什麼意義？

重點是要和你周圍的世界建立關係。我最喜歡的其中一個地方，就是自己居住的社區，它涵蓋了共通性和接近度兩者。運用「當地」思維：你最喜歡的咖啡廳，最喜歡的酒吧，附近的公園，和一路過去的公園。找到你真心喜歡也常去的地方。這會給你成為熟面孔的機會。如果你真的喜歡自己的居住區域，就加入鄰里組織，參與當地社群。自願協助辦理街頭派對。這些事能讓你融入新的社交圈，碰上可能與自己共享興趣的人們。

當我提出這項建議時，對方經常反駁說他們不喜歡自己居住的區域。他們只為了方便而住在那，或是他們準備搬家了。這沒關係。看看具有你所需求素質的鄰近區域：去隔壁城鎮上的書店，開車去你喜歡漫步的公園，而不只是剛好在你家外頭的公園。最重要的是你在這些地方所做的事。

如果每次你去當地咖啡廳時，都衝向櫃檯，低聲咕噥出你要點的東西，接著回到角落的座位，並埋頭閱讀報紙的話，就永遠不會碰到可愛的對象。同樣的交流規則也能應用到各種調情機會上：看看周遭，確保你的身體語言保持開放，把頭抬高，露出微笑並與人互動。如果你看到有趣的人，就坐在靠近他們的位置，這樣當你帶著微笑、傾身問對方咖啡味道如何時，感覺起來就自然多了。

親暱度

最後，仔細審視你擁有的所有關係：朋友、長期聯絡人和你在日常生活中接觸的人。你錯失任何機會了嗎？你不需要變成浪漫喜劇中的角色，但有時我們想在生活中吸引的人物已經出現了。我們只是還沒準備好面對他們，因此看不到對方。我有數不清的客戶都曾對我說「找不到對象」，但用調情學原則重新審視他們的生活後，就會發現他們只是沒注意到某些大好機會。我有個客戶相信沒人覺得她有吸引力，直到我們共同檢視後，她才突然明白經營當地腳踏車店的男子一直邀她出去喝咖啡的原因，並不是由於他對咖啡因上癮。他一直都在她的生活中，但缺乏自信加上習慣，使她不再和對方見面。他們現在已經開心地交往了。

我們的觀點很難改變，並想到總是存在於我們生活背景中的人，接著突然將他們移到聚光燈下。所以，你該如何用新角度觀察熟悉的景象呢？最好的方法是回到你的破局點。你已經有在伴侶身上所需的特質清單了。你知道有誰達到了這些條件嗎？這樣的話，有什麼事阻止你發覺自己的人際關係其實比自己料想的還有更多發展性嗎？這可能會令人感到不安：你不會忽然對某個你認識了一陣子的人發動強烈攻勢。風險感覺更高，潛在的難堪問題也更強烈。但記好：踏出一小步再評估。再踏一小步，然後再評估。

第一步是移入有些許不同的領域。如果你們只會在健身房喝咖啡時見面，就提議下次去街角新開的咖啡廳碰面。如果你只在大型團體中見過某人，就問他們想不想要兩人單獨出去晃晃。我們談的不是跨一大步踏進全面交往的關係。只需要改變你的觀點，看看有什麼結果。

我就是這麼做的。我當了我丈夫的皮拉提斯老師一整年，每週四晚上，他都會出現在後頭的左側牆角。他看起來像是好人，而當他在下課收納瑜珈墊時，總會說些俏皮話。但對我而言，一切僅此而已，直到我們開始持續碰上彼此。由於我教課的健身房對我們倆而言都是社區場所，週末時我們也會在游泳池、超市甚至是街上碰到對方，直到最後我們幾乎在同一時間說：「我們有時應該見面喝咖啡。」單純曝光效應為我們扮演了邱比特嗎？他只是來上皮拉提斯課嗎？我問了他一次。他只是向我眨了眼，並說皮拉提斯對他有多棒的效果。

——檢查你的機會

想想你的社交生活。客戶總是告訴我，他們的生活由於持續社交而變得極度忙碌。不過，他們不知怎地總是無法認識任何人。只有當我們挖掘得更深時，才明確發現這就是問題的一部分。社交很好，但如果總是與一小群朋友度過，或是和工作認識的同一個人吃晚餐的話，那認識新對象或給予自己調情契機的機會就變得相當有限。不只有一個客戶發現，當你繼續做一直在做的事，去同樣的地方，和同一批人相處，就不能期待結果有所不同。該做出大改變了！

找你的朋友們幫忙也很重要。讓大家知道你想找對象。太多人以為他們的朋友們知道這點。別妄下定論。你的人際網是很棒的起點。大約有一半的交往關係都開始於共同友人介紹認識，而有三分之二的人們在見面前，就認識伴侶社交網絡中的成員了。

對覺得自己的社交生活陷入泥沼的人，我的另一項建議是**舉辦派對**。這是很棒的機會，能刷新人際連結，也能夠認識處在團體邊緣的人。如果你覺得自己沒有錢或空間來當好東道主，那就發揮創意：舉辦野餐，在酒吧中聚會，或是自帶酒水的活動。在你翻白眼並覺得我太天真前，先試試看。安排活動能給你機會來邀請你想更加認識的人，感覺就像送別人禮物。受邀也會使他們感到特別。你在派對上還自然能和任何人交談。告訴我，這有什麼不討喜的嗎？

改變你的行為

最後，問題並非「這些人在哪？」和「我為什麼找不到他們，他們為什麼也找不到我呢？」最近的調情之旅彰顯出這點。當旅程接近終點時，有個女子提到，幸好有數量相同的男性同行，他們看起來「善良又正常」。「你們平常躲到哪去了？」她開玩笑說道。於是我問每個男人上週末在做什麼，眾人異口同聲地回答：「酒吧和酒館。」換句話說，和女人們出沒的地點相同。我也不認為他們是那裡唯一「善良又正常」的人。所以，為何女人們沒發現他們呢？因為她們的行為阻礙了自己：與緊密的團體出遊，不會四處找尋對象，肯定也不會接近對方。難怪她們不會遇到好男人。記好我們先前說的事，就因為你待在能和自己相處的人附近，不代表他們會直接落入你手中。你得表現出積極態度。

善加利用你的機會

約會這件事感覺起來像兼職工作，其中一個理由是由於你把調情劃分進生活的特定領域之中，只在特定時間和地點進行。有位客戶告訴我，她和她朋友決定去單身之夜，希望能碰上一些好男人。她們在隔壁的酒吧碰面，也剛好在那和兩個不錯的男人攀談，他們相處甚佳，也對她們的計畫開心大笑。男人們提議她們跳過快速約會，直接和他們出去。但女孩們下定了決心：她們已經為活動做了萬全準備，也付了錢買票，更不想覺得自己退出了原本答應自己要參加的「約會」。所以，她們離開了這些好男人，去原定活動見那裡的「好男人」。猜猜看那裡有沒有她們喜歡的人？她們衝回酒吧，但男人們已經走了……。

成功使用調情學，代表讓你自己接受所有潛在邂逅，並調整你的行為，讓機會不與你失之交臂。當它生效時，看起來有什麼感覺？有個參加我無懼調情之旅的女性理解了這點。由於她想脫離困境，就挑戰自己，為她的社交生活製造小改變，看看會發生什麼結果。她提到和一位朋友喜歡在附近的酒吧碰面。我提議她早十分鐘到場。她告訴我說，她朋友總會晚二十分鐘到，這讓她有不少時間來觀察周遭，並找尋機會。在她首次嘗試做不同行為時，她提早抵達，選了位置絕佳的桌位，接著環視四周。當她瞥見一個站在吧台邊的帥哥時，就過去點了杯酒，並在點酒時站在他身旁。她用上了經典調情學台詞：「你好像進退兩難了，我該喝點什麼呢？」現在她告訴我，他們今年夏天要結婚了。一切都是由於她為常態行程做了些許調整。你想見的人就在外頭。是什麼阻止你去見他們呢？

面對數位世界時，記好：它是個工具，不是你對一切的解答。到了最後，我想就連我的數位大使朋友都會同意，沒什麼地方比在真實世界中更能創造真實連結了。離開活動前，當我最後一次環視擁擠的酒吧時，就看到他和某個同學正在接吻。他或許能將六條 H.O.T. A.P.E. 調情訊號中的五條運用到數位世界，但我們都同意，最無可取代的，是只有在真實世界中才能感受的那點：觸碰！

FIRST DATES...

第七章

第一次約會……

當我進行調情研究中的紐約部分時，就注意到一個有趣現象：當地的求偶遊戲具有非常特別的模式。其中有標準法則。最能描繪這點的範例，是個來自紐約的女子，她來倫敦參加一趟無懼調情之旅。

向人們示範過要如何在尋常環境（超市，藝廊，書店）中和陌生人交談後，我們在酒館結束旅程。她去吧台點了杯酒。這名女子外表出眾，也是唯一不曉得這點的人。當她站在吧台等酒時，就和坐在那裡的兩個男人談起話來。調情之旅中的英國男子們和我在遠處面露笑容地觀看。「她表現得很棒，她說的話完全吸引那些人了。」幾分鐘後，她帶著酒回來。「所以，」我說，「情況怎麼樣呀？」她看起來有些沮喪，「我猜還好吧。」「還好!?」我們不敢置信地同聲說道，「妳好像和那些人相處得不錯。」「並沒有。他們倆都沒要我的電話號碼。」我們面面相覷，「他們為什麼會要妳的電話號碼嗎？妳只和他們說了一下下的話。」

於是她對吃驚的英國人們解釋在紐約的做法。她詳細說明了有人喜歡你時的標準流程。

這是她對事情經過的詮釋。

第一步：首度見面。你們會碰面，從十分鐘聊到一小時都有可能。如果他有興趣，就會向妳要電話號碼，而如果妳是個「現代」女性，就會把號碼給他。如果他沒有要電話，那遊戲就結束了。第二步：首次約會。如果他真的有興趣，就會約晚餐；其次則是喝咖啡或酒：那代表他甚至不會付晚餐錢。約會時，女人會試圖表現得有趣又有魅力，但不要太過頭。在交談中，女人會花最多心力，找出某種能「搭上」的東西，好彰顯出他們倆有多相似。但如果女人很漂亮，就不太需要說話；她什麼都不用做，光是能和她坐在一起，就算男人幸運了。約會將以晚安之吻結束。

第三步：第二次約會。這一定會在餐廳進行。希望是在同一週，他又會請客。女人該做的，是試圖抓緊他，成為他的夢中女子。她會親吻並稍作親熱，但不會太誇張——她不想表現得好色。第四步：第三次約會時，其中一人會做晚餐，兩人會一起看部電影，從而營造出上床的情境。如果女人較為拘謹，就會替換為「見朋友」的場合，其中一人會去見另一人的朋友們。

此時，她停了下來。「那之後會發生什麼事？」我問她。她說：「我不曉得。我從來沒超越過第三次約會。」

聽起來很累人。雖然清楚心中的期待可能不錯，但這種系統無法讓情況以更自然的方向發展，或讓女人扮演更主動的角色。我不會推薦這種具有高度策劃性的手法。但的確，缺少嚴格的約會程序時，普通的調情者可能會感到有些無所適從。你該如何處理狀況，誰要先出手，等多久才聯絡，進行哪種約會，你們該去哪？

如果你是邀請人（無論性別），你可能會持續冒著違反某種不明規範，而使自己出糗的風險。如果你受到邀請，每種情境都會突然充滿期待，你也不確定自己能達成。「如果他邀我去不錯的餐廳，他會期待我該懂教皇新堡（Chateauneuf-du-Pape）的陳年佳釀嗎？」，「如果我們去看表演，她會期待我能唱出每首歌的歌詞嗎？」，「如果我們去看電影，他會在吃爆米花時突然出手嗎，萬一他把奶油沾到我的新上衣怎麼辦？」危機似乎潛伏在每個角落。

但我想讓你思考一個不同卻更重要的問題：**約會的重點是什麼？**是持續某種範疇不斷縮小的任務，來找尋真命人選嗎？是為了確保你和坐在對面的人成為情侶嗎？是為了安慰自己（和其他人）說，你在外頭盡自己的責任嗎？是為了讓你有故事能告訴朋友嗎？

其實，約會的主要目標並不是上述這些事。約會的目標只是要**增強你原有的吸引力，同時好好盡情享受。**

我們得用讓你走到這一步的調情學原則來提醒自己：

- 你已經把調情視為對雙方都有益的活動。
- 你接受了拒絕與它帶來的神奇篩選功效。

- 你衡量過自己的破局點。
- 你利用從自己的交談手法中建立出的和諧關係來挑選對象。
- 你進行這場約會這件事，代表你們已經對彼此產生興趣，也願意發掘更多。

換句話說，你應該和正確的人約會，而不是接受任何開口詢問的人。如果這是基礎，那你就能帶著正面心態前往第一場約會：你已經發現這是你可以溝通的人，也符合你大多破局點，還找到了兩者的某些共通點。你現在該做的，就是看看自己是否能利用那種基礎，來進行發展。

展開約會

或許當你首度碰見對方時，就立刻和對方安排約會：去看某部電影或去特定活動。這樣很棒。我喜歡主動的手法。或許你們交換了電話號碼，並從這點開始發展。這個階段很有趣。如我們所見，現代世界充斥著上百萬種聯絡方式，也成為調情刺激感的優秀來源，讓你們能互傳有趣的gif圖檔或發送深夜訊息。

但要小心：別讓這階段拖太久。儘管能隨手用手機進行文字交流很有趣，但如果你在找尋愛情，就得強迫自己踏進真實世界。在電話中等太久，就可能永遠深陷其中。它會模擬出你並不具備的親密感。而奇怪的是，如果這種虛假親密感蔓延得太深，就可能使現實邂逅變得尷尬又令人失望，因為你們倆都得重新適應你們的實際性格，以及你們並不如預期中熟識對方這件事。

所以啦，用你們的手機來回進行互動。這是很棒的娛樂活動，但你得往前走。如我們在先前的章節中所見，你得設下在自己的世界中有效的規則。如果你還在遠距離聯絡對方，兩週後也還沒有訂下見面時間，無論感覺有多好，都得逼問這件事。在某場無懼調情之旅中變得積極後，一名女子隔天寄電子郵件給我，說大夥後來去了家酒吧。她遇上一個男人，也交換了電話號碼。她在電子郵件中說：「我們還沒安排約會，但他像發瘋似的一直用WhatsApp傳訊給我！」某種角度來說很棒，但她不確定這會有什麼結果，而她想要的正是往前邁進。

如果我講得太過微妙的話，咳咳，男女都可以主動邀請對方，任何人都能主動靠近彼此。應該有更多人這麼做。要注意的另一件事，則是不同的溝通風格。察覺手機震動時，你可能樂於放下手邊的事，但你的新朋友一天內可能只會檢查手機幾次。他們可能是喜歡在電話上聊天的人，而你則卻對朝九晚五不斷講話感到煩躁。注意，其他人的生活和溝通風格不必和你相同。也別對此妄下定論。不，她花了四十八小時才回覆的理由，並不一定是由於她沒興趣。可能是由於她祖母住院，她則和家人待在一起。

有名客戶氣呼呼地來會談。上週她遇見了某個男人。她原以為對方不錯，但之後和一位本意良好的朋友談過他的事後，她們便認為他很粗魯。

當我問她原因時，她便說他們安排在週六晚上約會，而到了星期四，她卻沒聽到他提起兩人該在哪碰面。因此在她心中，他並不體貼，她也不確定是否還要約會。「真可惜，」她哀嘆道，「他看起來是個很棒的人。」

這種想法可能太過極端，而且我得說，我的客戶是個可愛的人。但當我們與陌生人相處，並對他們妄下斷語時，就會發生這種情況。在她眼中，他的行為似乎代表他沒有對她付出努力。她寫了極有架構性的日記，也喜歡安排計畫。我指出他很可能**有興趣**，但既然安排了時間與日期，他便覺得等到當天再設下明確計畫就好。這沒有對錯，只是不同風格而已。請確保：你不會把自己的期待施加在別人身上。

該去哪？

如果你在思考第一次約會的事，第一道障礙就是你該做什麼事。我對此有條雙面規範：如果你發出邀請，就**勇於決定**。沒什麼比討論該吃中國菜或印度料理；還是覺得去看電影比較好玩的對話更無聊了。你不需要選擇時髦昂貴、或充滿創意的場所（不過你可以選比南多餐廳〔Nando's〕更有創意的地方，那顯然是英國最受歡迎的首次約會景點）。優秀的約會不需要大量金錢支出，在公園裡散步，打保齡球，吃早午餐，逛藝廊都行。但無論你想出什麼點子，都得做出充滿決定性的提議。

相反地，如果你是受邀的對象，就保持**正面**且開放的心態。當然，你不該覺得受人脅迫去參與你討厭的事（如果貝類會讓你起疹子，就別認為自己得去海鮮餐廳），但讓自己嘗試新東西，或到沒去過的地方。如果你確實認為自己會討厭對方的提議，就用自己的篤定意見來回應對方。別讓對方難堪，還期待他們提出備用方案。

最棒的約會，會建立在你們已經具備的共通性上：當你剛開始對這個人如此有興趣時，你們談了什麼？舊唱片？日本動畫？騎自行車越野？何不做點和那有關的活動呢？記得社會傳染效應嗎？如果你們一起做某種對方有良好感覺的事，那幸福的氣泡也會包住你。

記好，調情學要創造出讓**你**感到滿足的生活。約會應該是那段連續行為的一部分，而不是完全獨立的活動。這或許顯而易見，但享有良好約會的方式，就是**選擇你清楚自己喜歡做的事**。別選擇讓對方佩服、或讓自己顯得不同的事，也不要炫耀自己能負擔的事物。這場約會是為了呈現你的真實自我，而不是你想像對方偏愛的幻想版本。

得考量有哪種場所和時間點，最適合創造讓你們了解彼此的最佳環境。當人們困在諸多約會裡時（特別是當他們處在數位約會中），有件事容易發生。他們會發現自己度過許多長達一小時的咖啡廳約會。基本上，你得去約會，才會清楚自己想不想約會。一小時的低成本空檔讓我們能更認識對方，而不須冒太多風險。

但你想要的是約會，不是工作面試。用這種方法進行約會，會使人感到謹慎：你不確定自己想在這人身上投注太多時間。但如果你擔心和某人相處超過一小時以上已經太久，那為何要和對方見面呢？要記住，這就是設立破局點的原因。你不該和每個人約會，只需要和符合你精心設計標準的對象見面即可。如果你認為他們符合你的破局點，就值得花時間認識他們。調情學注重將機會最大化和保持效率——這不代表得進行浪費時間的無止盡約會，因為你打從心底明白這些約會沒有結果。

——誰該付錢？

這是越來越常出現的問題，也經常導致約會夜尷尬收尾，你們則摸索著錢包，展開「讓我來」，「不，讓我來」的雙人舞。或更糟的是，沒人做任何行動……。

過去人們認為男人應該付錢，但我們已經提過，過去大眾也覺得男人有特權邀人出去。既然女人們賺的錢幾乎和男人一樣多，就代表她們也有選擇能主動發出邀請。太棒了。不過，當每個人還認為男人該付錢時，事情就開始出錯了。

目標是讓不論性別的任何人都可以發出邀請，並期待他們也會買單。錢不夠嗎？沒問題，野餐或散步也行。約會的目的是更認識某人，看看你想不想再約一次，因為你有興趣更了解他們。沒人說這種事得有最低花費。

那分攤帳單呢？在我看來，為某人付錢就像是送他們禮物。其中一人因為收到禮物而覺得愉快，另一人也因為送禮物而感到開心，導致兩人心情雀躍，彼此都感到特別。這就是我偏好其中一人買單，而不是分攤帳單的原因，也讓這點成為純粹交易行為。如果你不認為自己會再和對方見面，或如果帳單金額夠高的話，分攤帳單可能沒問題。但要解決「誰該付錢」這問題的話，只需要輪流就好。其中一人買晚餐，另一人則買飲料或說：「下次我付錢。」這樣的話，就會出現給予與接收禮物的持續狀況。不過，為了避免所有初期尷尬與笨拙摸索，當你說這次約會由你付帳時，就表明自己的意思：「我想帶你去……」如果狀況順利，他們下次就能做出回應。

準備好

你可能已經有準備的儀式了：你最喜歡的服裝，你的「約會夜」鬍後水，和在髮型上多下的工夫。我不該干涉你屢試不爽的既定行程。但你不該只打扮外表，也需要讓自己的心準備好。沒錯，你需要**恰當的心智模型**。

擁有面對約會心智模型的目的，是使你不會讓心理叨念失控。在約會前，這種心理叨念經常會以兩種方式同時進行。一方面，你的大腦會將自己推進未來，懷抱對完美關係的浪漫想像，與如真似幻的完美時刻，兩人手牽手在海灘上……另一面，你也可能回到自我批判的思維中：「**我對約會很不拿手。我一定會說出某種尷尬的話。我老是會緊張，又講太多話。**」或「**我會害羞，而且不說話**」，「**萬一他覺得我看起來努力過頭了呢？**」，「**萬一她覺得我太急呢？**」

停止就好！如果有朋友說了以上的話，你可能會嚴厲地搖晃他們，請對方回到現實。但當心理叨念發生在我們自己身上時，我們便經常讓自己變得心猿意馬。下一站：夢幻島。我有時會把自己的心理叨念視為愛發牢騷的小孩，對方剛剛吃不到冰淇淋：最好盡快打斷它，不要繼續多想。在這階段，你的約會對象還不會和你長相廝守，也不會批判你的個性。你知道自己覺得他們有吸引力，不然的話你就不會在這裡了。但別忘了，除了一次邂逅外，他們只不過是陌生人。你不太了解他們。

要如何讓這股聲音安靜下來呢？該重溫我教你的第一段調情學課程之一：**你想吸引喜歡你本質的人**。那代表你該呈現真實的自我，而不是設計出某種你覺得會吸引他們的行為。你不需試圖和每個人相處。那是浪費時間的舉動。如果你表現得像自己，就會吸引喜歡你的人。這是完美的篩選機制。這也代表你大腦想出的心理叨念毫無意義。無論自己的心智說了什麼，你都無法逼某人喜歡你。

我最近為來自塔斯馬尼亞（Tasmania）的三十多歲男子提供建議。他的問題並非覺得展開調情困難，或是感到難以將這些邂逅轉為首次約會。他的問題在於他得不到第二次約會。女人們總說她們玩得很開心，也說他是個好人，但她們不想再繼續交往。他越來越擔心自己的約會技巧，這開始影響他的自信，導致他認為自己沒有吸引力。我和他談論他進行過的交談，剛開始我也不懂問題在哪。他顯然是個交談的好對象，也有很棒的幽默感，似乎是個不錯的人。接著我問他，他是否打算在某個時間點離開倫敦，回到塔斯馬尼亞。他說對。我問他，當他和這些英國女子約會時，是否提過他要回去塔斯馬尼亞。「這個嘛，對，我跟她們說我會回去，但至少還要五年呀！」接著我確認他並不是問題所在，讓人反感的並不是他的外表或個性，而是與有一天會搬到世界另一頭的人約會，可能要遠離親朋好友，和對方遠走他鄉！

在這種情況下，他該做什麼呢？撒謊嗎？還是掩飾他的計畫？都不太對。用謊言騙別人和你約會，是不禮貌的行為。但最重要的是，他不該讓這件事影響自己的信心。他沒有犯任何錯。充滿冒險精神、也想出外旅行的正確對象，或活在當下的對象，都不會因他的計畫而退縮。或許這正是找到他理想對象的完美篩選機制。或者他該找居住倫敦的澳洲人約會，對方某天也會想搬回去。

記住幾條基本原則：首先，為對方保持**開放心胸**。只要對方符合你的破局點，就別在約會前花時間營造幻想性格。準備好對別人的本質做出反應，而不是你用一次見面和幾則訊息，就對他們產生先入為主的想法。所以，與其想：「**我想這可能就是真命天女了。她好像很完美！**」反而該試試這種台詞：「**我上次和她見面時，產生了很棒的火花。我很期待再多了解她一點。**」

接下來，**不要看得太遠**：讓你的心智模型固定在活動本身上。所以啦，別希望你會遇到你孩子的母親，或覺得這個人能取代過去不符要求的所有男人。注意此時此地。寧可去想：「**我對今晚感到很興奮。**」專注在**你能控制的事物**上，而不是取決於對方反應的事。所以，別覺得「**我希望自己不會說某種害他覺得我很怪的話。**」反而該試試這種台詞：「受某人吸引感覺不錯。我希望我可以從這點著手。」

無論你對這人感到多興奮，當你首度與某人調情時，一樣得運用相同原則：小步前進。你們即將共同參與一場約會，大約會花掉你生命中的兩小時。如果效果不錯，就可能有下一場約會。如果你認為存在的愛情魔法沒有進入第一次約會，就只代表你們不適合彼此。這並不會反映出你的為人素質。

約會當下

所以，你考量過了自己的心智模型，我也得承認，情況看起來很棒！（希望現在有人與你調情時，你已經能察覺了？）你弄來了新開幕迷你鏡子展覽的票，也安排了隨後在越南餐廳的晚餐，因為你們倆都坦承了自己對鮮蝦春捲的癮頭。承認吧，你很期待今晚。當你穿越門口時，會感到些許猶豫是很正常的。但別把它視為「緊張」，而將它視為「興奮感」，這是硬幣更性感的另一面。你會產生良好的刺激感（充滿希望、刺激感和意料之外的氛圍），而不是憂心忡忡。可以理解的是，你不想因緊張而全身緊繃。不，抱歉，一杯龍舌蘭不是適用於現在的答案。消除這種短暫猶豫的法則，和你先前的調情學課程一樣：用你的約會心智模型提醒自己，確保你的身體語言保持開放，抬起頭來，鬆開雙臂，並露出微笑。提醒自己，你的約會對象可能和你一樣緊張兮兮！

你看起來像個聰明人，所以到目前為止，你肯定都照我的原則走了。於是，你的調情對話應該已經有良好基礎，能夠從上次結束的部分繼續下去。但不同的情境或首次約會時的緊張感，都自然會讓侷促不安的感受悄悄飄入心中。別擔心。記好你學過的事：

- 當你感到不自在時，就把注意力從你身上移開，轉到對方身上。利用參與觀察法來幫助降低緊張感。
- 使用 H.O.T. A.P.E. 來提醒自己如何調情，和如何向對方表達你的興趣。我們喜歡會喜歡我們的人。

・使用共通性原則。由於這是你第二場邂逅，你已經有可使用的基礎：你有共享經驗，可能還有共同朋友，現在也應該建立了某些共同興趣。這些要素能讓你問個問題，幫助你輕鬆展開交談。當你上次和對方碰面時，是什麼讓你們開始談話？把那件事當作出發點。

・使用道具。你身處的環境（無論是餐廳、酒吧或表演）應該有許多話題觸發點。沒有的話，我最喜歡的其中一句台詞是：「自從我們上次見面後，你做了什麼事呀？」這給對方空間講述自己想說的事，也顯示出你有興趣聽聽他們的生活狀況。

潛在陷阱

能量隨著注意力流動，而這本書的重點則專注在正面能量上。不過，如果你發現自己參與了很多首度約會，卻無法更進一步的話，你很有可能已經落入了這些常見的陷阱之一：

一、**陷阱一**：你在對話中給對方足夠空間了嗎？當我們緊張時，經常會說過多的話語來掩飾當下的狀況；這使我們只進行傳達，而不是接收。你有給對方空間回話，還是給他們機會問你問題，或是讓對方引導話題呢？

二、如果你覺得自己陷入這種陷阱，就利用參與觀察法來後退一步。觀察你的行為，你確實有聽對方說話嗎？由於害怕產生令人畏懼、不舒適的沉默，人們經常會緊張地喋喋不休。別總覺得你有責任要填滿沉默，與大眾想法不同的是，沉默一點都不像茶匙中的一灘死水。它經常是談話中的起伏之一，讓話題能夠轉往新方向。

三、**陷阱二**：你掉入相反的陷阱中，沒有完整表現出自己嗎？如果你採取了面試官的視角，或不提供資訊，藉以隱藏自己的話，你們倆就無法認識彼此。只有當我們流露出些許自我，才能催生相互的喜歡：互惠原則代表兩人平等分享與接受。

四、如果你認為自己的問題，可能是隱藏自身本質的話，那就問自己：為什麼？你在害怕什麼？我不是要你在第一次約會就揭露自己最黑暗的祕密，但該讓你談起自己喜歡的東西，在乎的事，和你的雄心壯志。說出你的見解，展現你的個性。

五、**陷阱三**：你要裝出某種表象，用你認為對方會喜歡的方式來演戲嗎？這很少會令人信服，也適得其反。為何要嘗試假裝成不是你自己的人？你無法一直假裝下去。光是想到要花的工夫，我就感到疲累了。你為什麼會以為對方會喜歡假象，而不是真實的你？

六、我們有時會陷入這種習慣中，因為我們認為和自己在一起的人似乎比我們「更好」，所以我們得讓對方感到佩服。如果你感到這種自卑感襲上心頭，就得阻止自己。用心智模型來抵禦這些思緒：「我知道這個人和我有共通點，不然我們就不會在這裡了。」或是：「這和對方喜不喜歡我無關。重點是我們喜不喜歡彼此。」

七、**陷阱四**：你回到舊清單上，批判對方嘴裡吐出的所有話語，並在心裡分類優缺點了嗎？「不喜歡壽司，扣一分。喜歡可愛狗狗，加一分。」放輕鬆。這不是一場拼字塗鴉（Scrabble）遊戲，你不需要在最後計算總分，看看她／他是否勝出，這只是場約會。

八、如果你有這麼做的傾向，就記好你的破局點。它們是你唯一需要在乎的清單：對你有重要性的五種基礎事物。其他都只是雜音。

九、**陷阱五**：最後，儘管我通常不提倡與話題有關的硬性規定，但不要討論前任（如果你想聊有影響力的過往人物，就乾脆激昂地聊起居禮夫人〔Marie Curie〕），並避免詳細解說你單身的原因，那種話題怎麼可能會有好結果？

朋友區

有個陷阱該獨立出來討論。那就是可怕的「朋友區（friend zone）」，特別是有許多男人在約會後，便發現自己被貶到這塊無人地帶。話得先說清楚：當雙方都認為你們之間沒有愛情火花時，這點並沒有錯，而當你們再度相見時，就只會是朋友了。但注意這句話中的「雙方都」。朋友區是不同的東西：你們之一還有興趣譜出戀曲，但另一人卻將對方歸類到不同的分類中：朋友。為什麼會這樣，我們又該如何處理呢？

人們被放進朋友圈的主要原因之一，是由於他們已經自行踏入了那領域。當他們出場時，就已經待在裡頭，對方只是順著他們的方向走。當你讓自己扮演雜誌裡的相談室和諮商師時，你覺得會發生什麼事？我有個男性客戶在第一場約會後捎來回報。他的約會對象之後說，她「不覺得有什麼化學反應，但謝謝你給我這麼棒的職業建議。」他們不會再見面，但她現在要辭掉工作，重新加入培訓。真是美好的前戲。

追根究柢，如果你不想被分類為「朋友」，對方就得認為自己在某個時間點會與你赤裸相對。空氣中必須有性感氛圍。不然的話，就邀對方去你的橋牌團體，因為你唯一能出手的地方，就是牌桌了。另一個男性客戶帶了一樣的問題來找我：他覺得每次自己試圖接近任何人，就會待在朋友區。我問他：「調情對你而言是什麼？」他回答說，是為了友善地談天，兩人也能在其中找出彼此是否有共通點。友善地聊天！這是個有趣的謎題。

你知道，調情學手法是溫和又漸進的過程。對，共通性也是重要原則，但重點不只如此。當我們打算**有意調情**時，就得加入額外要素。記得H.O.T.A.P.E.嗎？如果你運用了手邊所有武器，那從你的身體語言，眼神接觸，到你用手微妙地擦過對方的手等行為，都應該讓對方知道，這種互動並不只是和你們對西區劇院（West End）音樂劇的熱愛有關。

但許多人在此失敗。展現個人性慾，似乎就是讓人自行踏入朋友區的原因；他們覺得比起身為潛在戀愛對象，以潛在朋友身分遭拒比較不那麼難過。因此，作為保護方式，他們放鬆下來，泡了杯好茶，並化身為專業諮商師。

若你習慣扮演朋友或是閨密的角色，就很容易落入這種陷阱，特別是當你剛開始就感到有些緊張時。它就像件老舊柔軟的套頭衫，舒適又可靠。和某人談對方的問題，或是平淡又簡單的話題，能填補約會時的空白時光。但這會使對方想到自己忠實的狗，而不是想像**那件套頭衫底下**有什麼。這種性慾暗示，是潛在新朋友與新男／女朋友之間的主要差異。得到新朋友當然很棒，但大多人告訴我，他們不想找新朋友；他們要找戀愛對象。

你得非常誠實。你認出這種自身行為了嗎？假若有，那你該怎麼做呢？對。你可以自行創造化學反應。大多人不明白的是，可以透過我們的舉止與行為營造出化學反應。這點可能與每個「一見鍾情」的愛情故事相反，但它千真萬確。化學反應不會憑空出現。我們可以做些事來創造更多化學反應。我們先前討論過，觸碰與笑聲都能引發身體的生理反應，刺激大腦的獎勵中心，並催生愉悅感。但科學也顯示參與刺激的活動，像是坐雲霄飛車和看恐怖片，都會加強警醒程度（arousal levels），進而增加身體吸引力。你還需要別的理由在約會時看《尖叫大師17》（*Scream Master Part 17*）嗎?!和他人共享全新的刺激活動的後果之一，就是增進你們的感情品質。

如果你記得的話，我已經指出過，化學反應本身並不代表對方適合你。

因此才需要破局點。這點的原因之一，是兩人間的「化學反應」並非絕對狀態。它會受到情勢影響。而且和我們面對的狀況不同的是，化學反應不會在你首度碰見某人時產生，也可能完全不會出現。所以，至少等到你花些時間，做會引發化學反應的事情後（白天坐雲霄飛車，晚上則在喜劇表演中大笑和牽手），再對化學反應程度做出快速判斷。

人們經常掉入朋友區的原因，是由於另一人沒有感到化學反應。但你有沒有掉入朋友分類中，取決於你對自己的感覺，以及你如何對別人詮釋這點。表現得像朋友，對方就會把你當朋友。表現得像潛在情人，對方就會這麼看待你。儘管有實際工具能幫助你「假裝到你得逞」，重點其實由你心中展開。你運用了你身上善於調情、甚至是性感的那部分嗎？沒有？好吧，那你怎麼能認為別人會這樣做呢？為了讓別人看到我們身上的特質，我們得先看到這點。如我們在第二章中所見，我們的吸引力和我們的自信有極大關聯。這和用幻想分級來為我們評分不同。這是為了確保我們感受到自己的最佳狀態：身穿讓我們自覺有吸引力的衣著，並待在使我們感到自在的地點。運用我們性格中的調情面，代表我們會從正確地點出現，而那地點正是來自我們心裡。這種心智模型是「**今晚我覺得很棒**」。

如果你剛好從來沒喜歡過人，問題就可能相同：你沒有運用過內心的調情層面。你得先找到自己的這部分特質，才能從別人身上發現這點。我記得當我們還小時，我弟弟覺得我很煩。「你朋友喬明明就在跟我調情！」他會翻白眼說；「妳覺得**每個人**都在跟妳調情！」他說得沒錯，我確實這麼想。那是因為我老是跟每個人調情。我們用自己與世界連結的方式，來觀看世界。我運用了內心的調情層面，也能在別人身上看出這點。煩我弟弟真的很好玩，那是額外獎勵。

當你和喜歡的人約會時，有什麼打算呢？H.O.T. A.P.E. 幫助我們顯示出外顯的吸引力跡象：你可以碰觸對方的手，進行更長的眼神接觸，和站得更近等等。但這種感覺和意圖源自心底。你感覺如何？想調情？性感？

有吸引力？如果你有這種感受，甚至就不需要想該做什麼行動；它們會自然出現。外在行為會隨著你的內在感覺發生。你甚至不需要使用寶貴的腦細胞來想這件事。你可以把所有注意力轉移到令人驚豔的調情邂逅上，它正在你眼前展開。

萬一不成功呢？

我們都經歷過這種事。你和某人約會，而無論你剛開始覺得對方有多棒，他們顯然都不是你的正確對象。像我之前說的，我相信如果有人符合你的破局點，你就該給對方三次約會的機會，看看你們相不相配。但萬一你發現，即便對方符合你所有破局點，對方的笑聲卻依然讓你想起消防車警笛的話呢？那種效果不斷使你出神，內心爭辯如果你家失火，該搶救什麼東西……時間在你面前不斷流逝，每分鐘都拖得越來越長，而你最大的恐懼，則是對方想再見面。

如果你剛好碰上這種處境，對自己承認這不會是快樂結局，並沒有錯。但問問自己，**你有沒有辦法做出不同的舉動？**當對方繼續叨念自己看過的C咖名人清單，卻完全不試圖轉向你們倆都有興趣的話題時，你只會坐在原位下判斷嗎？如果你覺得對方寡言少語，是因為你佔據了整場對話，沒有給他們發言空間嗎？或如果你覺得對方佔據太多時間，卻沒有問任何關於你的事的話，有可能是因為你採取面試官視角，提出問題後就坐下聽對方的漫長獨白？我們有時當然會覺得有些人和自己處不來。但我們可以嘗試控制這種動力。啟動它。先提出一些關於自己的資訊，以及你的興趣和熱情所在。多控制話題方向。如果沒效，就改變你做的某些事，別光是從對方面前抽離。

就因為你已經決定自己永遠不會再和這人見面，不代表這次互動不會帶來好處。或許這是你了解驚人猛禽世界的好機會，或剛好能聽到某議題的相反面意見。這些日子裡，我們只會讓自己身邊圍繞意見相同的人。這可能是暴露在多樣性中的有趣練習。

到了這時候，這個人顯然不會成為你的未來伴侶。不過，**從人道層面看來，你不能花一小時左右來完成約會嗎？**我不喜歡為了禮貌而做任何事。我認為當我們的行為受到外界的期待左右時，我們便經常無法真心面對自己。不過，我很喜歡讓我們善待彼此。所以啦，你能帶著這種好心腸，用不同的方式對待這人，並在和對方相處時找到樂趣，並完成約會嗎？

但是，**如果你經歷了前三點，卻依然感到痛苦難忍，那就立刻離開。**因為調情學的第一項規則，就是對自己保持真切。在這種情況下，你只需要說：「謝謝你花時間見我，但可惜我得走了。希望你今天順心。」（或類似的話）然後你隨即離開……不需要有罪惡感。你盡力而為了。

你不想做的，就是我朋友做的事。我們某天下午見面喝咖啡，而她看起來卻狼狽不堪：宿醉又疲勞，脾氣還有點差。她告訴我，自己前天晚上度過了一場糟糕約會。「妳去哪了？」我問。「這個嘛，我們先從餐廳開始，然後去酒吧，接著又去了夜店。快凌晨三點時，我才回到家。」「妳幹嘛待這麼久？」我問她。「哎，但好像沒有好時機可以逃跑。」她反而讓自己飄進約會的下一個過程，然後又一個接一個。我問她：「妳什麼時候知道他不適合妳」？「噢，可能在第一道菜之後就知道吧。」

避開這種錯誤。別接受會延長約會的事物。只需要簡單的一兩句話，就能華麗轉身：「和你見面很棒，但恐怕我有別的事得做／明天早上得早起／累了。」聽著，讓某人失望絕對不好玩，也沒有詳細劇本能供你照做。但你的底線是得依然對自己誠實，同時考量他人的感受。向對方表達模糊意圖，不會讓你成為更善良的人，或使對方更容易接受失望；這只會害對方感到更困惑。你能做出的最善良行為，就是向對方表明清楚兩人不適合，但不需要在結尾宣布：「不，我們不會再和彼此見面了。請刪掉我的電話號碼！」我的建議是，用友善但含糊的方式結束約會。如果對方讓你難堪，或直接問你再次見面的事，就老實回答。或者，也可以在隔天早上傳封內容像這樣的簡訊：「謝謝你昨晚花時間陪我，但我覺得我們不適合。」別費心解釋原因，只要把話說得簡單明瞭就好。最重要的是，別說你「感覺不到化學反應。」基於某種理由，人們相信這是好方法。相信我，這完全不對。這句「好」告別詞，害一半的單身人口都認為自己讓人提不起勁，毫無性魅力可言。

萬一成功了呢？

光譜的另一端，如果事情進展得非常順利，那該怎麼做？讓我們打開天窗說亮話：和某人在首次約會就一起睡，是好事嗎？這個嘛，當我對這章開頭的紐約線人問這個問題時，她就明確表示：只有在你對某人沒有長期興趣的狀況下，才會跟對方上床。他們可能只是迅速插曲，因為你覺得他們很火辣，或需要「馳放身心」，同時你則順勢行動，等待你覺得可能會成為長期對象的人。但當我在倫敦進行調情研究時，男女雙方都說他們曾擁有出自首次約會性愛的長期關係。顯而易見的是，即便妳和倫敦大多男人太早裸裎相見，他們也不會認為妳是不良女。有個人說過：「我們一開始就上床一定有原因。妳為何不想更深入探索呢？」

這種二分法描繪出的，是「沒關係嗎？」這問題的答案取決於大量因素。不同文化，不同宗教，不同傳統，不同社會階層，和不同同儕團體對這件事都有意見。無論有沒有人承認這點，但這些意見大多都圍繞著誰擁有女人的性身分。這是個廣大領域，女性的聲音在其中經常不為大眾所知。我在不同國家的研究，已經加強了我對這主題的興趣，而我後來也在丹尼爾・柏格納（Daniel Bergner）的著作《女人要什麼？女性慾望科學中的冒險》（*What Do Women Want? Adventures in the Science of Female Desire*）中，讀到一些由女性性學家對性身分的創新研究，並拓展了這股興趣。這使我考量到兩個重要因素：社會期待對女人性身分的影響有多大，以及直到最近為止，都是男人領導針對性和性活動的研究。還有誰覺得奇怪，居然沒人清楚地聽到女性發聲嗎？

一夜情的普遍性，與女人覺得她是否會因自身行為而引來負面觀感，有直接的關係。斯德哥爾摩是全世界擁有最高性別平等度的地方之一，而我在當地進行研究時見識到，男女雙方的反應認為，瑞典女性想做什麼都可以。她們和男性一樣有權進行性愛，而不須染上惡名。某位理智的瑞典男子曾說：「瑞典男人不笨。如果我們用性愛批判女人，得到的性愛就會變少。」

儘管很難徹底剝除這些與一夜情有關的影響與期待，對行為選擇最重要的意見，則屬於你自己。這是你得自行決定的事。

我的建議如下：如果你在美妙的首次約會後感到衝動，就想想你為何想做這件事。如果你認為這能證明自己的心意，或者你這樣做是為了取得關注，或你覺得自己「欠」某人某種東西，那這些就都不是上床的好理由！

不過，如果那純粹是由於兩人之間的火花，而 H.O.T. A.P.E. 也催生了某些刺激行為，那好吧，你是個大人了。何不去玩玩呢？

放開這種想法：在早期進行性愛，會讓你在前往長期關係時走上不同的路。如果有人用這種想法批判你，最好現在就離開他們。永遠都要做你覺得對的事，你也會自動篩掉不適合你的人。這不是好多了嗎？

往前看

最棒的第一次約會是什麼？很簡單：就是讓你們倆想二度見面的約會。到了現在，你已經不需要我告訴你該怎麼做了。如果你的約會進展順利，如果你正確判斷各種跡象，如果你和對方打得火熱，就施展簡單的一招：邀對方進行第二場約會。

...AND BEYOND

第八章

跨過那條線

你我都已經接近終點了。我希望現在你已經明白，我覺得你非常棒。我樂於想像你找到完美對象、並共處歡樂時光的模樣。我希望讓你不只能遇到自己想找的人，也享受其中的過程。每次邂逅不一定都導向約會，每場約會也不見得會產生交往關係，但每次邂逅都含有可能性，也會加強我們與世界互動的方式。

我深切相信，無論你是否處在交往關係中，調情學都能幫助你的人生。所以，無論你透過調情學找到真愛，或還在找尋，我都想送你一些原則，以便幫助你邁向未來。

在交往的早期動盪期中，由於新戀情使我們的生活感到飄飄然，我們會發現自己迷失在愛情中。這種感覺中有很多東西值得細細品味。我也不想阻止你沉浸在愛情催生出的高亢感受中。但請記住一些事：

一、接受新戀情帶來的冒險。但也得注意，這個人是為了讓你的生命變得圓滿，而不是幫你填補心中的空洞。除了和新伴侶共享新世界外，繼續做對你而言正確的事，確保你的生活盡可能完整又滿足。

二、將你的興趣一起帶過去。記好，你們找到彼此的原因，是因為你們與對方相配。因為你用調情學方式找尋這人，所以對方因你的本質而受到吸引。別因為有新人出現在你生活中，就失去自己。

三、一段關係並不是「目標」，它是得和別人一同探索的全新共享領域。就因為你找到了某人，不代表你該讓調情學教條在生活中完全消失。我想像你用出自調情學的態度面對每件事，無論在工作、休閒和日常生活中都是。這種態度包括：

・正面心智模型
・全力運用每次機會

· 親人且開放的身體語言
· 願意與每個人互動，同時堅守個人界線
· 全面接受你該為自身福祉負責的想法

抱持這些原則後，從人際活動到晨跑等活動，都會是讓生活對你和周遭人物稍微更正面的機會。這也能加強你身處的所有關係。

對還想繼續搜尋的人而言，我要給你們的訊息是：你們該享受旅程的每一步。如果你並不樂在其中，那就該後退一步並重新評估，因為那不是調情學的方式。調情學要你認清自己擁有的事物，而不是對缺少的事物哀嘆。

記住最重要的原則：**你該做讓你快樂的事**。沒什麼比你的個人福祉更重要。完全沒有。一旦少了這點，你就無益於任何人。用這種角度觀察你的生活：你做的事對當下的自己正確嗎，還是把自己埋藏在其他人的期待下了？

我們目前生活在僵化的期待結構中：完美伴侶，完美的孩子，完美的外型，和完美的銀行存款。這是社會加諸在我們身上的說法，本意良善的親友也經常強調這點（他們無法自制，因為他們生活在和我們相同的結構裡）。我們鮮少質疑這種說法，並自問那是不是我們想要的事。比方說，我有個執行長朋友來自傳統家庭背景。她對我坦承，自己對家人強逼她去找老公感到厭煩。「我有頂尖大學的工商管理碩士學位，還經營一家成功的公司，現在還在讀法學學位，但他們還是把我當成失敗人物，因為我沒有老公。」她決定要「停止浪費時間追逐男人」並把這種額外時間拿來做瑜珈。當她提到自己的新愛好時，整個人便亮麗無比。

在我自己的故事中，我對這種結構的參與，包括持續對自己施加關於體重的壓力。你可能會有同感。我永遠不滿足，總是想甩掉「再五磅就好」，直到有一天我猛然發現，我正照著自己根本不相信的規範生活。一切如此根深蒂固，深深地扎根在自己心中，剛開始也很難注意到這點。但我開始質疑原因。接著我看出企圖順從外界的壓力，不只為我帶來焦慮與痛苦，甚至毫不真實。這種想法是從哪來的？所以我想：「這太荒唐了。一點道理都沒有。我現在要停止了。」於是我也踏出結構了。

別人告訴我們說，通往幸福的第一條路是陷入愛河，並找到能夠終生交往的那個人。但其實，如果你在找的是舊式交往關係，假設你有良好的衛生習慣，也不會把內褲隨手丟到地上，那就不難找到**某個人**交往。人們經常會緊抓周圍的對象，希望和某人或任何人交往，覺得這樣總比單身好。我們都犯過這種錯，也發現這並非事實。但沒有人告訴你這點：帶來幸福的不是身處**任何**關係，而是處在健康、充滿愛情又平等的伴侶關係內。

調情學是為了讓人找到**正確**的對象，不是隨便一個對象。這就是我對你的期許，我的調情學夥伴：一段能讓你表現自我的關係，你會感到平等和有價值，也能表達你性格中的每一面。記得當你在思索自己的破局點時嗎？你不是在找有特定外型的對象，或創造冗長的完美檢查清單。觀望內心後，你就會明白對方身上有哪些特色對你而言至關重要。我要你找到具有這些特色的人。

但你的幸福不只和達成「關係」緊密相關。我相信儘管戀愛關係很棒，你卻不只需要它。幸福不只來自一種關係，而是許多優良關係：同事、好友、家庭成員和社群。我想要你加強每種層面的關係，從和你兄弟之間的關係，到和收銀台邊女人的關係。它們都很重要，也會為你和對方帶來幸福。

不過，只有在我們踏入世界，並和人們互動後，才能這樣做——特別是和一開始看似和我們完全不同的對象。我喜歡住在像倫敦這種多樣化的城市。有時我會故意試圖和自己在日常生活中不會接觸的對象攀談，我從來沒失望過。有時候對話短而敷衍，這沒關係；有時則溫暖又漫長。我曾遇過自己的「雙胞胎」，他是個五十歲的韓國男子，當時我站在倫敦雨夜下某間麵包店櫥窗前。我們聊得越多，越覺得儘管我們有顯而易見的外表差異，卻擁有許多共通點。愉快地聊過天，還交換了雞肉食譜後，我們和彼此擊掌，並往相反方向走入夜色中。我喜歡和陌生人建立短暫連結。我喜歡得到提醒，知道大多數人和我一樣：他們盡全力嘗試把生活過好。但我發現科技進步的傾向，卻使這些互動變得更罕見。

我丈夫和我經常一起去上飛輪課。不知怎地，當我們奮力攀爬幻想中的丘陵時，如果我對他說出尖酸刻薄的話，就會減少痛苦。我們最近又去上課，但這次飛輪車已經得到了最新科技的升級。我們不再順著教練近來最喜歡的歌曲旋律前進，而是都戴著耳機，並在裡頭聽到不同的音樂，和我們教練的指示。重點不再是我們一同經歷課程，而是我們待在同一個房間裡騎飛輪。而我無法把自己的痛苦宣洩在我丈夫身上，而每次當我想抱怨時，他似乎都不大樂意拿掉耳機。（或許他覺得這種科技發展是種進步！）對，我們有更多螢幕、特殊區域和很多厲害的道具，但我們更孤立了。我覺得這已經成為普遍趨勢。社會的科技越進步，我們就分離得越遠。事情變得越方便，彼此的互動就越少。不需要向友善的陌生人問路，因為你有 Google 地圖。與陌生人互動的最後疆界，是決定你會請誰幫你拍照。當人們經過時，你得仔細掃視：對方得看起來不能太忙，也最不可能拿了你的相機就跑。最後你會做出選擇，而人選則會接受這種榮耀，並開心地照做。這種事已經銷聲匿跡了，是什麼東西取代了它呢？自拍棒。

對，我們的數位世界幫了我們很大的忙。我們能夠非常自由地溝通。只需要按一下，我就能聯絡世界各地的親友。更厲害的是，我們可以規劃旅程，看看我們走了多少路，查天氣狀況，甚至還能用我們的手機當鬧鐘，使手機成為我們起床時看到的第一件物品，藉此確保這段愛情故事每天都會再度展開。

就我而言，儘管自己感激和手機有關的許多事物，我卻不想和手機共譜愛情故事。我也不想用它展開一天。於是，我把手機放到臥室外，並買了台收音機鬧鐘。我現在會聽著自己最喜歡的電台醒來，而夜裡所有「趕快檢查東西」的衝動都消失了。我刪光手機上所有的社群媒體程式，不過它們依然待在我的桌上型電腦中。我清楚自己用它們的原因，是由於不想面對無聊感，我也不喜歡這樣；我們有時需要感到無聊。我減少社群媒體參與率，不只是因為分心因素。也是因為我發現，我下意識中貼的所有照片，都描繪出理想生活：和我丈夫與世界各地的朋友們度過的無數假日，其中包含佳餚和美麗的夕陽。好玩。好玩。真好玩！但我沒有貼構成自己生活的無害日常瑣事：電腦前的我，清理洗碗機的我，和準備晚餐的我。我只是表現出自身生活的一種精心設計版本，我也不喜歡它。這不只扭曲了真相，但我在「幸福」的格子上打了明確的勾，而不是用自身獨特的方式來表現自己。我不想再這樣做了。

我想這些改變很值得，因為如果我們總是把注意力鎖定在線上，就代表我們沒有在真實世界連結彼此。如果我們老是低頭，那要如何和韓國男人閒聊？

我堅信幸福並非來自預定路線中的生命里程碑，和將它們展現給世界看，而是出自傾聽你的內在聲音，並找出你自己的路。調情學是幫你探索自身旅程的方式。

我最近才從世界另一頭見識到這點的範例。我經常在遠東地區演說。儘管我們給予這些變化多端又類型不同的國家這種概括稱呼，那裡卻產生了巨大轉變，而泛亞洲國家則令人感到充滿活力又刺激。我上次去那時，就認識了阿依莎（Ayesha）。阿依莎是馬來西亞人，她是某家大公司的董事長，聰明又有趣，性格充滿熱情，四十二歲的她急於找到伴侶，這樣才能生小孩。她想遵循的心智模型，是找到比自己稍微年長的男人，對方能夠「照顧」她。她和做其他事一樣，全力追尋這個目標。她加入不同團體，成為Meetups網站的創辦人，還學習新嗜好，也參加自己受邀前往的每場派對。當她來找我上私人課程時，我問她說，在目前的生活階段中，她對伴侶和孩子哪個比較有興趣？她回答：「孩子。」明白這點後，她就改變了傳統方式的作法。儘管她無法讓優秀伴侶神奇地出現，卻能處理想要小孩的心願。她決定自己嘗試看看。身為經濟獨立的女人，她能委外處理事務，這代表她可以同時工作和生小孩。下定決心後，她也明白面對男人時，不需找尋上一代熱愛的伴侶類型。擁有自身的經濟成功後，她就不必依賴任何人。

一個月後，她聯絡我說，她在潛水旅程中認識了一個二十八歲的男人，他們也花了很多時間相處。她清楚年齡差異，但說他們玩得很開心。她提過幾個因為年齡差異而產生的小問題。我向她保證，無論是哪種年紀，關係中總會出現小問題。五個月後，我在倫敦和她碰面，她變得耀眼動人，她戀愛了。上個月她傳訊息告訴我說，她懷了對方的孩子。他們倆開心無比。

我為什麼要告訴你這件事呢（除了這是有快樂結局的可愛故事以外）？這是因為，儘管她的故事有幸福結局，但她並沒有選擇外人預期她遵循的傳統路線。她跳脫了結構，找到更適合她的道路。傳統上來說，女人生孩子前，得等待伴侶出現。但阿依莎決定做她真正想要的事，而不是依賴他人。傳統而言，社會告訴她說，她該尋找比她稍微年長的男人，而對方可以撫養她。但當她確實看待自己時，就明白這不是她需要的東西。她願意敞開自己的地平線，徹底扭轉社會期待，並接受全新的社會動力。她改變了自己在尋找伴侶上的觀點，也做出了自己的選擇。

我要你把這種手法運用到自己的生活中。遠離先入為主的規則，也遠離期待。想想**對你而言真正重要的是什麼**，以及如何用你的方式達成目標。不是靠書本或電影教你的方式，也不是你的親友以前用過的方法，而是利用對你的本質有效的手法。無論你的性別為何，或不管你在倫敦、紐約或世上其他地方的約會場合中，這點都一樣。營造連結，掌控你自己的故事，並讓你寫下屬於自己的快樂結局。一切都從某個問題開始。

所以，你今天要和誰聊聊？

注記

××「全世界有九千一百萬人……」（頁 14）

——根據全球網路指數（GlobalWebIndex）的新報告，全世界有九千一百萬以上的人在使用約會軟體，而三分之二的使用者是男性。https://www.theguardian.com/technology/2015/feb/17/ mobile-dating-apps-tinder-two-thirds-men

××「根據美國民調機構皮尤研究中心……」（頁 14）

——http://www.pewresearch.org/topics/ online-dating/

××「但是美國有多少人……」

——http://www.pewresearch.org/topics/online-dating/

××「在英國，有一千五百萬單身人……」（頁 15）

——令人訝異的是，在英國很少有線上約會的數據。和美國皮尤研究中心那種公正智庫不同的是，英國大多數據都來自約會機構本身。我從以下連結找到這個統計值。https://visual.ly/community/infographic/ love-and-sex/uk-online-dating-stats-dating-friends

下列來源宣稱英國每個月有兩千萬人使用線上約會。這個數據也來自不同的英國約會機構。http://www.cosmopolitan.com/uk/ love-sex/relationships/a27169/infographic-on-dating-in-the-uk-mysinglefriend/

××「不過一份以十八至三十五歲人士為對象的研究調查……」（頁 15）

——有份以兩千三百名十八至三十五歲人士為對象的研究，揭露三九%的人透過朋友認識對象，二二%透過社會情境，十八%透過工作，十%透過線上約會，六%則透過社群媒體

https://www.maturitydating.co.uk/ increased-use-online-dating/

××「估計其全球產值超過二十億英鎊……」（頁 15）

——http://www.huffingtonpost.co.uk/2012/10/26/ the-2bn-relationship-the-business-of-online-dating_n_2024458.html

××「美國一項研究指出，只有不到二〇%……」（頁 15）

——http:// marketing-assets.avvo.com/ media-resources/avvo-research/2016/ avvo_relationship_study_2016_final_report.pdf

××「不過網路約會人士……」（頁 16）

——受到缺乏線上約會研究的影響，並對約會機構的不透明度感到失望後，這些社會科學家決定在這領域中，進行目前規模最大也最深入的研究。

E．J．芬柯（E.J. Finkel）等人，〈線上約會：從心裡科學觀點出發的批判性分析〉（Online Dating: A Critical Analysis From the Perspective of Psychological Science），《心理科學學會》（Association for Psychological Science），第十三冊，第一號，二〇一二年，第三頁至第六十六頁。

××「線上約會人士有三三%……」（頁 16）

——https://www.datingsitesreviews.com/article.php?story= 5-facts-about-online-dating-from-pew-research-center

××「根據聯合國的預測，到了二〇五〇年……」（頁 17）

——http://www.un.org/en/development/desa/population/publications/pdf/popfacts/ PopFacts_2014-3.pdf

××「大量研究指出……」（頁 17）

——姚正宇與鍾智錦，〈寂寞，社會聯絡與網路成癮：延宕交叉研究〉（Loneliness, Social Contacts and Internet Addiction: A Cross- Lagged Panel Study），《人類行為計算》（Computers in Human Behavior），二〇一四年一月，第一百六十四頁至第一百七十頁。

××「更糟糕的是……」（頁 17）

——「討論網路在二〇〇四年比一九八五年小。說沒人可以和自己討論重要事情的人數，幾乎成長了三倍。平均網路大小減少了三分之一（知己層面），從一九八五年的二點九四，降到二〇〇四年的二點〇八。模態回應人現在說自己沒有知己；模態回應人在一九八五年有三個知己。」

J．M．麥克菲爾森（J.M. McPherson），L．史密斯－洛文（L. Smith-Lovin）和 M．布雷謝爾斯（M. Brashears），〈美國的社會孤立：二十年來的核心討論網中的改變〉（Social Isolation in America: Changes in Core Discussion Networks over Two Decades），《美國社會學評論》（American Sociological Review），第七十一冊，第三號，二〇〇六年六月，第三百五十三頁至第三百七十五頁。

××「一項研究提出結論，數位世界……」（頁 18）

——姚正宇與鍾智錦，〈寂寞，社會聯絡與網路成癮：延宕交叉研究〉，《人類行為計算》，二〇一四年一月。

××「心理學家亞當．艾爾特……」（頁 18）

——https://www.ted.com/talks/adam_alter_why_our_screens_make_us_less_happy

××「根據英國的一項研究……」（頁 19）

——根據英國的一項研究，起床後，我們一天會檢查手機兩百二十一次（平均每四點三分鐘一次）。這個數字其實可能太低了，因為人們經常低估他們使用手機的時間。在二〇一五年的蓋洛普（Gallup）民調中，六一%的人說他們比自己認識的其他人更少看手機。http://www.tecmark.co.uk/ smartphone-usage-data-uk-2014/

××「皮尤研究中心於二〇一五年提出的調查報告……」（頁 19）

——某篇《紐約書評》（New York Review of Books）文章提到這項統計值，內文與數位時代如何影響我們的溝通風格有關。

http://www.nybooks.com/articles/2016/02/25/ we-are-hopelessly-hooked/

皮尤研究中心原版研究

http://www.pewinternet.org/2015/04/01/ us-smartphone-use-in-2015/

http://www.nybooks.com/articles/2016/02/25/ we-are-hopelessly-hooked`/

××「事實上，科技的存在……」（頁 20）

——A．K．普利茲比列斯基（A. K. Przybylski）與N．懷恩斯坦（N. Weinstein），〈你現在能聯絡我嗎？行動溝通科技如何影響面對面交談品質〉（Can You Connect With Me Now? How the Presence of Mobile Communication Technology Influences Face-to-Face Conversation Quality），《社會與個人關係期刊》（Journal of Social and Personal Relationships），第三十冊，第三號，二〇一二年七月，第兩百三十七頁至第兩百四十六頁。

××「性別間的權力動能……」（頁 71）

——倫敦大學學院（University College London）的人類學家馬克．戴伯（Mark Dyble）說：「大多數人依然認為狩獵採集者更有大男人主義或受到男性宰制。我們認為只有在農業出現後，當人們能夠開始累積資源時，才出現不平等狀況。」https://www.theguardian.com/science/2015/may/14/ early-men-women-equal-scientists

××「在印度，『考古證據顯示……」（頁 71）

——K．S．辛格（K.S. Singh），〈歷史上的性別角色：女性獵人〉（Gender roles in history: women as hunters），《性別，科技與發展》（Gender, Technology and Development），第五冊，第一號，二〇〇一年，第一百一十三頁至第一百二十四頁。

××「再舉一個現代的例子……」（頁 71）

——在菲律賓，阿埃塔人女性會集體帶狗狩獵，成功率有三一%，相對於男性的十七%。當她們與男性合作時，成功率會更高；阿埃塔人中的混合狩獵團體有四一%的成功率。

A．埃斯提歐科－葛利芬（A. Estioko- Griffin）與P．比昂．葛利芬（P. Bion Griffin），〈女獵人：阿埃塔人〉（Woman the Hunter: The Agta），F．達爾柏格（F. Dahlberg）編輯，《女性採集者》（Woman the Gatherer），康乃狄克州紐黑文，耶魯大學出版社（Yale University Press），一九八三年，第一百二十頁。

××「擷取大量的……」（頁 71）

——M．薩林斯（M. Sahlins），〈原初富裕社會〉（The Original Affluent Society），《平等主義的政治：理論與實行》（The Politics of Egalitarianism: Theory and Practice），J．索威（J. Solway）編輯，紐約，柏格漢出版社（Berghahn Books），二〇〇六年，第七十九頁至第九十八頁。

××「……將泛靈論視為我們主要……」（頁 71）

——https://link.springer.com/article/10.1007/ s12110-016-9260-0#Fig2

××「據說黑猩猩……」（頁 72）

——傑夫．黑克特（Jeff Hecht），〈基因研究顯示，黑猩猩是人類〉（Chimps are Human, Gene Study Implies），《新科學家》（New Scientist），二〇〇三年五月，https://www.newscientist.com/article/ dn3744-chimps-are-human-gene-study-implies/

××「鼓勵雜交……」（頁 72）

——J．H．曼森（J.H. Manson）等人，〈倭黑猩猩與捲尾猴的非受孕性行為〉（Nonconceptive Sexual Behavior in Bonobos and Capuchins），《國際靈長類動物學期刊》（International Journal of Primatology），第十八冊，第五號，一九九七年，第七百六十七頁至第七百八十六頁。

××「沒錯，與黑猩猩的案例不同……」（頁 72）

——娜塔莉．安傑爾（Natalie Angier），〈小心雌性倭黑猩猩的連結〉（Beware the Bonds of Female Bonobos），《紐約時報》，二〇一六年九月十日。

××「在瑞典……」（頁 75）

——http://reports.weforum.org/ global-gender-gap-report-2015/the-global-gender-gap-index-results-in-2015/

××「負面經驗對我們來說往往會特別顯眼……」（頁 103）

——https://www.psychologytoday.com/articles/200306/ our-brains-negative-bias

××「最近我在《經濟學人》讀到一篇文章……」（頁 105）

——https://www.economist.com/news/asia/ 21706321-most-japanese-want-be-married-are-finding-it-hard-i-dont

××「一些相當令人反感的線上約會數據……」（頁 106）
——http://www.statisticbrain.com/ online-dating-statistics/

××「我們的體重，有多少機率是由基因決定的呢？」（頁 130）
——崔西．曼，《進食實驗室中的秘密》（Secrets from the Eating Lab），紐約，哈潑波浪出版社（Harper Wave），二〇一五年。

××「在我得到其他學說佐證的研究中……」（頁 130）
——J．凱勒曼（J. Kellerman），〈注視與戀愛：共同眼神對愛情感受的影響〉（Looking and Loving: The Effects of Mutual Gaze on Feelings of Romantic Love），《性格研究期刊》（The Journal of Research in Personality），第二十三冊，第二號，一九八九年六月，第一百四十五頁至第一百六十一頁。
第二項來源：http://www.sirc.org/publik/flirt.html

××「它不只會釋出正面印象……」（頁 192）
——狄恩．摩布斯（Dean Mobbs）等人，〈幽默會調整中腦邊緣獎勵中心〉（Humor Modulates the Mesolimbic Reward Centers），《神經元》（Neuron），第四十冊，第五號，二〇〇三年十二月四日，第一千零四十一頁至第一千零四十八頁。

××「即便你在超市……」（頁 199）
——https://www.theguardian.com/commentisfree/2016/aug/12/ hispters-handle-unpalatable-truth-avocado-toast

××「心理學家將這種現象稱為社會傳染……」（頁 201）
——奚愷元等人，〈評估他人情緒狀態：知覺判斷對上情緒傳染〉（Assessments of the Emotional States of Others-Conscious Judgements Versus Emotional Contagion），《社會與臨床心理學期刊》（Journal of Social and Clinical Psychology），第十一冊，第二號，一九九二年，第一百一十九頁至第一百二十八頁。

××「在某場實驗中，許多夫婦們……」（頁 231）
——J．霍特－倫斯泰德（J. Holt-Lunstad）等人，〈「溫暖觸碰」對夫婦在動態血壓、催產素、α 澱粉酶與皮質酮上的支持強化影響〉（Influence of a “Warm Touch” Support Enhancement Intervention Among Married Couples on

Ambulatory Blood Pressure, Oxytocin, Alpha Amylase, and Cortisol），《身心醫學》（Psychosomatic Medicine），第七十冊，第九號，二〇〇八年，第九百七十六頁至第九百八十五頁。

××「伊凡卡．薩維奇博士領導的科學家們……」（頁 233）

——伊凡卡．薩維奇，〈費洛蒙運作與性和性取向的關聯〉（Pheromone Processing in Relation to Sex and Sexual Orientation），C．穆西格納特－卡列塔（C. Mucignat-Caretta）編輯，《化學溝通的神經生物學》（Neurobiology of Chemical Communication），博卡拉頓（Boca Raton），CRC 出版社／泰勒與法蘭西斯出版社（CRC Press/Taylor & Francis），二〇一四年。

××「研究指出……」（頁 271）

——姚正宇與鍾智錦，〈寂寞，社會聯絡與網路成癮：延宕交叉研究〉，《人類行為計算》，二〇一四年一月。

××「心理學家亞當．艾爾特……」（頁 271）

——https://www.ted.com/talks/adam_alter_why_our_screens_make_us_less_happy

××「不令人訝異的是……」（頁 289）

——鮑勃．札榮茲，〈單純曝光效應的態度效果〉（Attitudinal Effects of Mere Exposure），《性格與社會心理學期刊》（Journal of Personality and Social Psychology），第九冊，第二號，一九六八年六月，第一頁至第二十七頁。

××「鮑勃．札榮茲進行的研究……」（頁 290）

——鮑勃．札榮茲，〈單純曝光效應的態度效果〉，《性格與社會心理學期刊》，第九冊，第二號，一九六八年六月，第一頁至第二十七頁。

××「也就是說，比起他們沒看過的女生……」（頁 292）

——R．摩爾蘭（R. Moreland）與 S．畢奇（S. Beach），〈教室中的曝光效應：學生中的親和力發展〉（Exposure Effects in the Classroom: The Development of Affinity Among Students），《實驗社會心理學期刊》（Journal of Experimental Social Psychology），第二十八冊，第三號，一九九二年五月，第兩百二十五頁至第兩百七十六頁。

××「事實上，大多大學友誼……」（頁 293）
——L．費斯庭格（L. Festinger），S．沙克特（S. Schachter）與 K．貝克（K. Back），《非正式團體中的社會壓力：居住環境中的人類因素研究》（Social Pressures in Informal Groups: A Study of Human Factors in Housing），加州帕羅奧圖（Palo Alto），史丹佛大學出版社（Stanford University Press），一九五〇年。

××「大約有一半的交往關係……」（頁 298）
——M．R．帕克斯（M.R. Parks），《個人關係與個人網路》（Personal Relationships and Personal Networks），紐澤西州馬瓦（Mahwah），勞倫斯．厄洛包姆出版社（Lawrence Erlbaum Associates），二〇〇七年。

××「但科學也顯示……」（頁 332）
——D．G．達頓（D.G. Dutton）和 A．P．亞隆（A. P. Aron），〈對高緊張狀態下的高性吸引力的部分佐證〉（Some Evidence for Heightened Sexual Attraction Under Conditions of High Anxiety），《性格與社會心理學期刊》，第三十冊，第四號，一九七四年，第五百一十頁至第五百一十七頁。

××「你還需要別的理由……」（頁 332）
——A．亞隆等人，〈夫婦共同參與新奇刺激的活動，並體驗關係品質〉（Couples' Shared Participation in Novel and Arousing Activities and Experienced Relationship Quality），《性格與社會心理學期刊》，第七十八冊，第二號，二〇〇〇年，第兩百七十三頁至第兩百八十四頁。

想像生活 01

調情學

追尋真愛的萬用公式，人際互動專家讓你面對自我，走進關係

Flirtology

作者：珍・史密斯（Jean Smith）

譯者：李函

堡壘文化有限公司　雙囍出版

總編輯：簡欣彥｜副總編輯：簡伯儒｜責任編輯：廖祿存｜行銷企劃：游佳霓｜裝幀設計：陳恩安

出版：堡壘文化有限公司 雙囍出版

發行：遠足文化事業股份有限公司（讀書共和國出版集團）

地址：231 新北市新店區民權路 108-3 號 8 樓

電話：02-22181417

Email：service@bookrep.com.tw

郵撥帳號：19504465 遠足文化事業股份有限公司

網址：www.bookrep.com.tw

法律顧問：華洋法律事務所／蘇文生律師

印製：中原造像股份有限公司

初版 2 刷：2024 年 09 月

定價：新臺幣 420 元

ISBN：978-626-96977-4-8

EISBN：9786269697755（PDF） 9786269697762（EPUB）

國家圖書館出版品預行編目（CIP）資料｜調情學：互動的藝術／珍・史密斯（Jean Smith）著. -- 初版. -- 新北市：堡壘文化有限公司雙囍出版：遠足文化事業股份有限公司發行，2023.01｜368面；14.8×21公分. --（想像生活；1）｜譯自：Flirtology｜ISBN 978-626-96977-4-8（平裝）｜1.CST：兩性關係 2.CST：人際傳播 3.CST：社會互動｜544.7｜111021755